专家指导

岳 然/编著

中国人口出版社

Contents 目录

第1个月 小种子正在悄悄发芽

第2个月 蚕豆大的胚胎也能感知心情

目录

第3个月 小人儿开始有模有样了

第4个月 你真实地感受着他的存在

目录

第5个月 恍若蝶翅轻划而过的胎动

第6个月 胎宝宝躲在子宫中聆听

第7个月 越来越爱动的胎宝宝

目录

第8个月 和妈妈的相处越来越融洽

第9个月 越来越漂亮的胎宝宝

第10个月 小天使就要降临

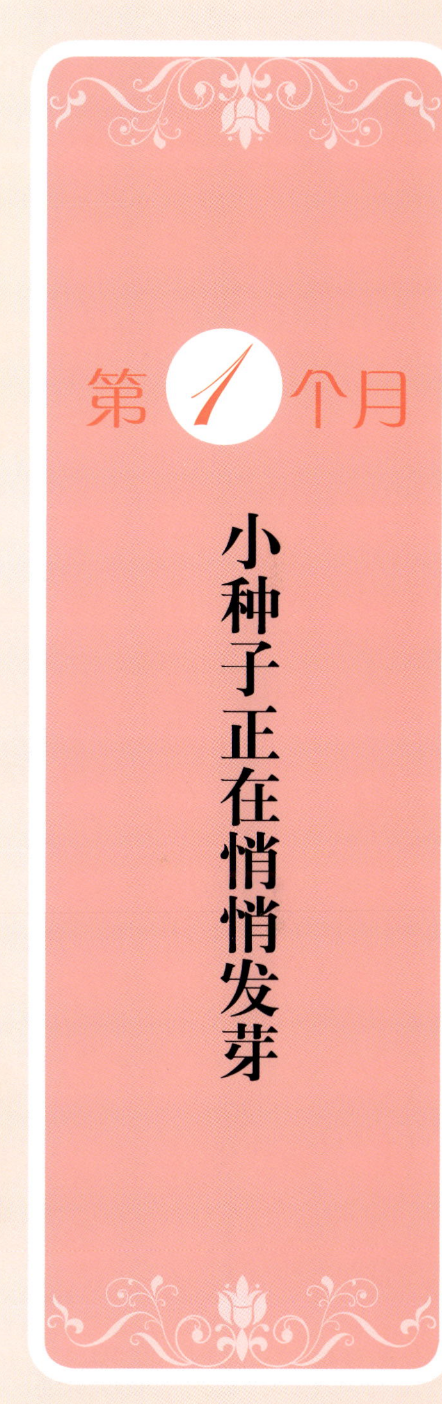

第1个月

小种子正在悄悄发芽

本月胎教要点

怀孕初期对胎宝宝而言，是一个特别的时期，虽然很多孕妈妈并不知道自己已经怀孕，可是孕妈妈的一举一动带给胎宝宝的影响，将决定他未来一生的命运，因此孕妈妈一定要从备孕期开始注意调理体质，保持良好的情绪。

在怀孕第1个月，孕妈妈的胎教重点是：

* 强健体质

好的身体是胎宝宝茁壮成长的必要条件。在孕1月，除了补充充足的营养外，孕妈妈还可以多做孕妇体操，孕妇体操是专门为孕妈妈设计的保健操，适时的锻炼有益于强健体质。

* 保持良好的精神情绪

从准备怀孕的那一天起，保持乐观的情绪，切忌大悲大怒，这对孕妈妈有非常多的好处。因为情绪不仅可以影响本人的食欲、睡眠、精力、体力等几个方面的状况，而且可以通过神经和体液的变化，影响胎宝宝的血液供给 、心率、呼吸和胎动等许多方面的变化。

孕1月，孕妈妈可以多听一些愉悦身心的音乐，也可以多看一些优美的文章，这样在心灵得到平静的同时，精神上也能得到升华。

“嘿，亲爱的妈妈，从现在起，我就是你的小宝宝了，住在你的肚子里。妈妈，你可能不知道吧，我能站在这里跟你说话，是经过了多么惊险的一段路程。”

“我以前是爸爸身体里的一个小精子，从出生起我就拥有了一个庞大的兄弟族群，是三亿还是四亿我也数不清了，反正很快我们就长大了。爸爸说我们中只有一个人能结婚，新娘就在妈妈的肚子里，我们兄弟谁最先到达新娘那里，就可以和新娘一起过上幸福的生活。”

“妈妈，不用说你一定猜到了，我娶到了唯一的新娘。我们一起住进了一所安全的房子——子宫里，虽然还是个小不点儿，但我们飞快地成长着，还打算好好‘装修’一下房子呢！”

* 胎宝宝在发育

这时的胎宝宝只能看到小小的胚囊，就像一个黑黑的小水泡，因为目前刚着床完毕，胚胎正要开始发育，所以外观是看不清楚的。

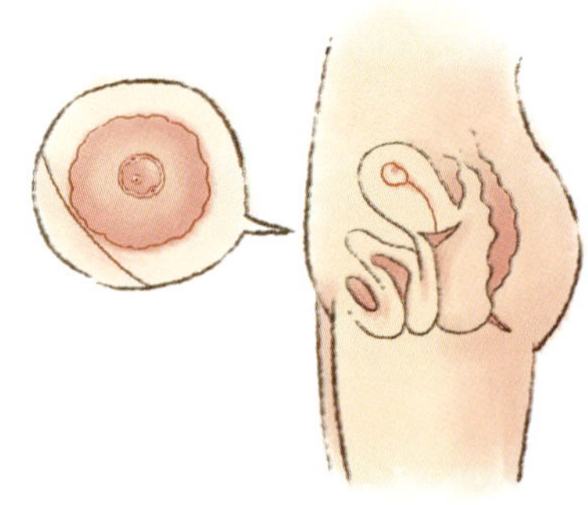

你需要了解的

学会测量基础体温，算准排卵日

测量基础体温可以比较精确地测算出排卵日，但首先应学会测量。

＊什么是基础体温

基础体温是指在没有发生饮食、运动、情感波动等足以改变体温的行为的前提下测量的体温。一般采用清晨清醒尚未活动时的体温。

女性的体温会随着月经周期发生微妙的变化，一般月经期和月经后的7天内是持续的低温期，中途过渡到高温期后，又再度返回到低温期，然后到下次月经开始再次循环。从低温期过渡到高温期而成为分界点的那一天，基础体温会特别低。以这一天为中心，前2天和后3天即为排卵日。

＊测量基础体温的具体方法

1 首先购买女性专用的基础体温计，在睡前把基础体温计放在随手可以拿到的地方。

2 第二天醒来后，起床前不翻身、不讲话、不活动，在固定的时间将体温计放在舌头下，闭紧嘴巴，测量3~5分钟，并记录。

3 连测3个月，将测得的温度数记录画成曲线。

4 排卵一般发生在基础体温上升前由低到高上升的过程中，基础体温正在升高的3天内为易孕阶段。

你要注意：记录基础体温的同时，最好把日常生活的变化也附记下来，比如月经来的日子、做爱的日子、每天起床的时间，是否有感冒、头痛、腹泻、发热的情况等，这些也会影响到体温，应作为体温判断的参考。

＊两种简易的排卵日推算法

1 月经周期推算法

如果你的月经周期是稳定的28天，从月经来潮的第一天算起，前后14天均是排卵日，排卵日及其前5天和后4天加在一起称为排卵期。

2 观察宫颈黏液推测法

接近排卵期的阴道黏液变得清亮，滑润而富有弹性，如同鸡蛋清状，拉丝度高，不易拉断，排卵期宫颈黏液大量分泌可持续2~3天，因此，在出现阴部有湿润感时即为排卵期。有的人还伴有小腹痛、腰酸、白带中带血丝等排卵期的现象。

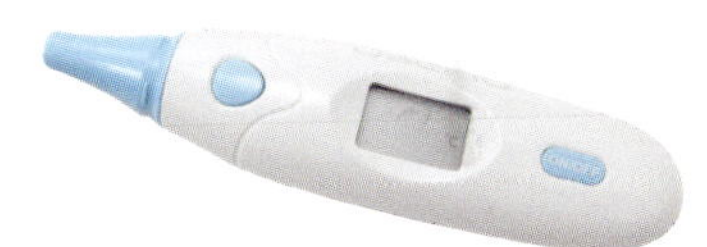

专家指导

基础体温推测排卵期至少应综合3个月情况才能准确算出，所以你一定要坚持每天测量，以正确计算排卵期。

排卵日是受孕的好日子

* 排卵当天是受孕率的最高点

一般来说，排卵前2~3天和排卵后1~2天性交受孕概率比较高，因为女性每月只排一个卵子，卵子排出后可存活1~2天，男性的精子在女性生殖道里可存活2~3天，此后即失去与卵子结合的能力。

为保险起见，排卵日的前5天和后4天，连同排卵日在内共10天被称为排卵期，这期间受孕率较高，受孕率的最高点出现在排卵当天，可以说排卵日是孕妈妈的最佳受孕时间，排卵后1日内的卵子新鲜、健康。

* 排卵期前节欲3~5天可提高受孕率

性交次数过疏或过频都不利于受孕，性交过频会导致精液稀薄，精子量少。为了增加受孕的机会，提高胎宝宝质量，接近排卵期前，应节欲3~5天，使双方精血旺盛。

专家指导

女性受孕不一定必须有性高潮，但性高潮有利于精子游入，减少精液外流，而且性兴奋时平常呈酸性的阴道环境pH值会上升，有利于精子生存和活动，可以增加受孕机会。

快速判断怀孕的信号

一般来说，在怀孕前期孕妈妈是感觉不到变化的，随着孕期的增长，会出现一些怀孕的征兆。

* 月经停止

这是最常被注意到的怀孕征兆，也是怀孕的第一信号。月经周期正常的女性，在性交后超过两周仍没有按时来月经，就有可能是怀孕了。

* 尿频

怀孕初期，增大的子宫压迫膀胱引起尿频，有的甚至每

小时一次。怀孕3个月后，子宫长大并超出骨盆，症状会自然消失。

* 体温升高

怀孕后由于妊娠黄体酮对体温中枢的影响，基础体温会持续维持在高水平而不下降。

* 早孕反应

早晨起床后有恶心、反酸、食欲缺乏、容易疲倦、挑食等现象，甚至呕吐，有些人会很想吃些酸味的东西，一般经过半个月至一个月会自然消失。不过这些症状因人而异，有些人的症状相当轻微，有的则比较严重。

* 乳房变化

在怀孕初期，乳房会增大一些，有刺痛、膨胀和瘙痒感，乳头周围乳晕上小颗粒显得特别突出。

专家指导

有性生活的女性最好都能记住自己的月经日期，不妨用一个专门的日历本做记号，当出现怀孕征兆时，就不要再剧烈运动了，如果需要吃药，一定要在医生指导下服用。

简易胎教轻松做

胎儿的成长

胎儿在孕妈妈的肚子里有着不同的成长阶段。医学专家表示，胎儿大约9周时身体就有感觉，假如给他刺激，透过声波振动传递，胎儿会感觉到。约19周出现的胎动其实也和触感相关，当胎儿的足部剧烈地动，使晃动的羊水刺激身体，“踢脚”这个动作，会让胎儿全身的肌肤都感觉到羊水的振动。约12周时，胎儿开始会有味觉，此时味蕾的发育已

成熟，和出生后无太大差别。胎儿对味道的记忆可能会留存到出生之后，影响到将来对食物的熟悉和好恶程度。换句话说，孕妈妈在妊娠期间如果嗜食某些食物，这些食物的味道可能会经由血液循环，透过胎盘进入胎儿体内，无形中这种食物的味道会成为胎儿的味觉记忆。其实胎儿的养分来自脐带，因此是不需要吃东西的，不过胎儿会喝羊水、解出小便，可由羊水的量去判断胎儿有没有吞咽或泌尿系统异常现象。到了20周左右，胎儿已经能听到声音，不过尚未能区辨外界是在说话，还是在听音乐，或是噪声。胎儿的视觉是最晚发育的，大约在25~28周开始能感受到外界的视觉刺激，但即使是出生后，视觉也并非发育完成，因为视觉的结构较复杂，到幼儿时期都可能还在发育。

胎教的目的

医师指出，对于“胎教”很难真正去定义。胎教到底有没有效果？胎教要用什么样的方式去做才有效果？以临床实验上来看，可利用仪器看胎儿的心跳变化，判断胎儿是否能感受到外界的事物。比方说给胎儿一个刺激，胎儿有心跳变化，可能是代表胎儿对那个刺激是有感觉的。假设放音乐（或声音）给胎儿听，如果胎儿的心跳会产生变化，表示胎儿对播放的音乐（或声音）有反应；反之，可能就是没有达到刺激的预期效果。这就好像有人去参加音乐会时会呼呼大睡一样，表示听音乐对他来说没有刺激，是一件枯燥乏味的事。另外也可用心跳的变化去判断胎儿是清醒还是处于睡眠状态。研究显示，胎儿也有像一般人在做梦的时候，眼球会快速颤动的状态，但由于胎儿没有现实经验，所以不会有梦境，因此判定胎儿的大脑已经在活动。

胎教的目的主要是让孕妈妈心情平静下来，和准爸爸一起共同付出关心，和胎儿共同成长，让胎儿感受到父母的爱。假如孕妈妈的心情愉悦，心理上所产生的满足感就是最好的胎教。强迫孕妈妈做自己不喜欢的事，或是为了胎儿勉强去做胎教，其实是没有什么效果的。例如，平常不喜欢听古典音乐，没有必要因为怀孕就刻意去听。在怀孕期间，心情安定且愉悦，从事自己有兴趣的事，且乐此不疲，对孕妈妈和胎儿来说才是最好的。

如何做胎教

除了大家所知道的和胎儿说话、触摸、听音乐等胎教方式，有一项很重要的“孕期检查”也是胎教的一环哦！它可以减少许多不必要的担心及困扰，能确认孕妇的健康状况、子宫内的环境是否良好、孕妇自我身心调适等，这些孕前的准备都算是胎教的一部分。而什么时间做胎教最好呢？其实从得知怀孕之后，就可以开始做胎教，不分时间、地点，随时都可以做。接着分别介绍几种简单且容易做的胎教提供给大家参考。

* 情绪胎教

情绪胎教是所有胎教的基础。在做任何胎教之时，最重要的是孕妈妈的情绪、心情，这会直接影响到胎儿。妊娠第7个月，胎儿的大脑皮质已相当发达，由于孕妈妈的情绪变化会造成内分泌系统的改变，这些改变会透过胎盘传给胎儿，因此孕妈妈的心情好坏对胎儿来说会有很大的影响。胎儿和孕妈妈的关系相当密切，胎儿能直接感受到孕妈妈的情绪起伏。若孕妈妈经常有焦虑、不安等负面情绪，会让肠胃蠕动变慢、胃液分泌减少、易诱发子宫收缩等情况，母体对胎儿的养分供应逐渐减少，直接影响到胎儿的细胞成长和发育，也会导致孕妈妈在饮食、睡眠等方面状况不佳，最糟的情况是会引发流产、早产或胎儿发展迟缓等问题。另外孕妈妈生气时，体内会大量分泌肾上腺素、血压会升高、胎盘的血管收缩，对胎儿的健康造成威胁。

孕妈妈感到愉快时，脑部会分泌快乐的脑内啡肽，能让孕妈妈感到幸福、心情愉悦、放松，胎儿也会接收到快乐的信息，从母体得到更多成长所需的养分。胎教的前提就是孕妈妈的心情要愉悦，这样才是最有意义的。假如孕妈妈以快乐的心情去做自己喜欢的事(如看书、看电影、看画展、听音乐、户外踏青等)，胎儿除了能感受到孕妈妈的喜乐之外，还能增加脑部的刺激，使其身心都能安稳、健康地发育。

调整情绪方法

1. 转换想法和观念、自我控制情绪。
2. 有问题就说出来，和身边的人沟通。
3. 适时发泄情绪不要憋着。

4. 多吸收知识，减少忧虑或不必要的担心。
5. 找自己的兴趣，做喜欢的事。

* 饮食胎教

在怀孕期间，除了均衡摄取六大类食物(五谷根茎类、蔬菜类、水果类、豆鱼肉蛋类、低脂乳品类、油脂与坚果种子类）之外，另外要多补充高蛋白类食物，这类食物对宝宝的发育和成长相当重要。全素食孕妈妈可从大豆、豆腐、酪梨等食材中摄取高蛋白质，另外可补充B族维生素。高淀粉类食物要少吃(如饭、面、面包)，吃多了通常都只会胖在孕妈妈身上，对胎儿没有很大的帮助；海鲜类食物不要摄取过多，容易造成宝宝的过敏体质。水果也要注意不能过量，避免糖分过高而造成血糖上升，引发妊娠期的疾病问题。孕妈妈在怀孕期间，增加的体重范围最好控制在15千克之内，过多的食物摄入只会造成孕妈妈肥胖，且会对健康带来负面影响。

孕妈妈尽量不要吃高丽参、当归、黄芪、薏仁、杏仁、大黄等滋补药材；未煮熟的食物(如生鱼片)也不要吃，可能会有细菌或寄生虫导致食物中毒；市面上卖的三明治里面有鲔鱼、色拉酱，要注意是否腐坏；火锅、麻辣烫也要注意钠含量过高问题，易引发妊娠高血压及严重水肿。另外怀孕时期要进补中药材的话，需请中医诊断后，依个人体质状况去作调配。假如孕妈妈呕吐严重，可多补充富含维生素B_6的食物(如谷类、燕麦、蔬菜类等)，配合少量多餐、调节饮食、多休息，将不适感减至最低。孕期前6个月记得要多补充水分，不见得一定要喝白开水，蜂蜜水、柠檬水也可以，除了能让体内循环变好之外，还能预防泌尿道感染。

小叮咛

孕妈妈可以分不同阶段去补充营养。在怀孕初期(前3个月)，多补充叶酸(如深绿色蔬菜、海藻类或锭剂)，能预防宝宝的神经管缺损问题；怀胎中期(3~7个月)，可补充复合维生素；怀胎后期(8~10个月)则是补充DHA(如鲭鱼、花飞鱼、鲑鱼等)，从而促进胎儿脑部发育。另外孕妇的钙质流失会比较多，建议除了补充复合维生素之外，可再多吃高钙类食物(例如大豆类、牛奶、钙片等)。

＊触摸胎教

约20周左右，胎儿有明显的胎动之后，对外界的刺激会比较有感觉，这时去抚摸肚子，胎儿也会感觉到孕妈妈或别人的碰触。轻微的摸肚子其实对胎儿来说是没有感觉的，要施加压力或振动到某个程度，胎儿才会感受到。但假如胎儿当时是在熟睡状态，对轻微的压力或刺激也不会有任何动静。基本上，胎儿隔着孕妈妈的肚皮、皮下脂肪、子宫及羊水等层层保护，经常用这种方式胎教不会对胎儿带来危害，但假如孕妈妈有异常情况或需要安胎等，就不适合做。

每天对胎儿规律性地触摸，触摸的力道以孕妈妈舒服为主即可，一天3~4次，一次约20分钟。常做触摸这个动作是很好的，研究显示，孕妈妈在肚子上进行触摸动作，胎儿会感受到被疼爱，对胎儿的发育也会有正面影响。当胎儿活动较剧烈时，可用无添加化学药剂的天然植物油在肚子上作环状式按摩，让胎儿缓和下来。在进行触摸胎教前，要先评估个人体质问题，有些体质比较敏感的孕妈妈，在肚子上稍为重度的施压可能就

会引起子宫收缩，甚至引起出血。对于有前置胎盘或早产现象的孕妈妈来说，更要格外小心。另外可借由全身性按摩来帮助孕妈妈放松心情、减少酸痛、转移不适的注意力以及提高睡眠质量，不过要注意的是，避免按摩孕妈妈的腹部、背部、小腿后侧肌和足踝等部位，否则可能会导致子宫收缩或早产等现象。按摩的力道以孕妈妈的主观感受最重要，如果感到身体不适，应立即停止动作。

• 孕期水肿

怀孕时期因激素改变，体内会慢慢累积水分，且子宫会逐渐增大，静脉血液回流不畅，因此下肢容易水肿，这种情况在怀孕后期会更加明显。下肢水肿算是怀孕后期的正常现象，但假如是全身广泛性水肿（例如脸部、脖子、手指、下肢等），就要注意是否伴有血压过高和蛋白尿的问题，有可能是罹患先兆子痫，应避免和孕期水肿混淆。

• 先兆子痫

约妊娠20周后较容易产生。症状为全身性水肿、高血压和蛋白尿。由于孕期水肿是常见现象，因此目前对于先兆子痫的诊断是将水肿这个条件排除。症状轻微是导致胎儿过小，严重的状况是会影响孕妈妈的肝脏功能、凝血功能，造成视力模糊、头痛以及胎儿死亡等，需要终止妊娠，否则对孕妈妈和胎儿都会有严重后果。

按摩禁忌穴位

1. 腰、腹部穴位
2. 合谷穴（手背第一、二掌骨间）
3. 三阴交（足内踝上三寸）
4. 昆仑穴（足外踝后方与跟腱之间的凹陷处）
5. 至阴穴（足小指末节外侧）

• 高血压

*收缩压大于140毫米汞柱或比怀孕前升高30毫米汞柱以上。

*舒张压大于90毫米汞柱或比怀孕前升高15毫米汞柱以上。

• 蛋白尿

24小时尿液中，蛋白质浓度每千克多于0.3克，或是任意两次间隔至少6小时以上的尿液检查结果显示每千克尿液蛋白质浓度高于1克。

孕妈妈消水肿方法：

1. 多做抬腿运动
2. 睡觉时将脚垫高
3. 适度按摩
4. 用温水泡脚
5. 喝无糖红豆汤
6. 冬瓜煮姜片
7. 多休息
8. 避免久坐、久站

＊音乐胎教

听音乐真的可以让胎儿变聪明吗？专家表示，听音乐变聪明实在有点夸大不实，不过可以确定的是，听音乐本来就不是坏事，音乐是很美好的事物。但有一个前提，一定要孕妈妈本身喜欢听，很享受着听音乐的时光，这样才会真正有效果。建议孕妈妈听的音乐旋律不要太猛烈，过于刺激、兴奋对于孕妈妈和胎儿也不好。

孕妈妈和胎儿可以多听音乐，因为听音乐是静态的，除了心情平静、放松，还能转移疼痛的注意力，且建议音量不要太大（无须怕胎儿听不到），以孕妈妈所认为最舒服的音量即可。

听音乐建议

可多听古典音乐，旋律柔和、有规律性，多以两个或四个小节为一单位，比较规律且内敛。听音乐能使孕妈妈情绪安定，且胎儿对于外界的刺激和学习的接受度都会比较高，对孕妈妈和胎儿都有很好的帮助。除了过度嘈杂的音乐（如摇滚乐、重金属或其他分贝太强的音乐）不适合孕妈妈听之外，其他任何性质的音乐或旋律，只要是孕妈妈喜欢的都可以听。

听音乐方式

市面上有一种专用耳机，是孕妈妈专门给胎儿听的耳机，通过在孕妈妈腹壁放置专用耳机将音乐播放给胎儿听。专家表示，这种耳机对胎儿来说其实没有很大的作用，应该只是一种孕妈妈、胎儿和准爸爸间的互动乐趣。其实不必拘泥于听音乐的方式，关键还是在于孕妈妈精神上的感受。

＊说话胎教（唱歌、说故事）

说话

和宝宝说话是相当有意义的，是一种最简单而易做的胎教。建议多和宝宝说话，也可以借此观察宝宝的胎动并和宝宝互动、回应。孕妈妈对胎儿说话，声波会经由羊水传导，胎儿会感受到音频的振动。说话胎教主要是让胎儿熟悉频率，经常对胎儿说话能让他对声音的振动和声调有熟悉感，出生之后对环境熟悉，不容易受到惊吓。孕妈妈和准爸爸可以每天抽空和胎儿说话，将自己对胎儿的爱直接表达出来。例如，可以告诉胎儿：“妈妈、爸爸好爱你哦！很期待和你见面。”或是将日常生活中所发生的事情以及自己的感受和胎儿分享。用浅显易懂的词汇及温柔而真诚的语气和胎儿说话，传达爱的信息，相信胎儿

也会感受到孕妈妈、准爸爸所付出的关心。

唱歌

对胎儿唱歌是一种很好的爱的传递，无须害怕歌声不好，因为那根本无关紧要；重要的是，让宝宝知道“妈妈确实在这里”，然后借由歌声来传达亲情与关怀。建议寻找一两首简单的曲子重复唱，因为婴幼儿对于单纯而重复的事情比较有兴趣，胎儿当然也不例外。假如能配合的话，准爸爸也一起唱，对于增进情感也有很大的帮助。

说故事

可选择长度比较短、简单易懂的故事，每天重复将相同的故事讲给肚子里的胎儿听，观察胎儿对哪些词句比较有反应。也许胎儿不了解词句的意义，但可能会对不同音调有不同感受。重复对胎儿说故事，除了可以让胎儿熟悉孕妈妈、准爸爸的说话音频，还可以增加对外界事物的好奇心以及了解周遭人对他的关爱。在临床研究中观察到许多幼儿对同样的故事都有百听不厌的兴趣，说明在成长过程中对于互动的兴趣远胜于故事的内容。因此在说故事的过程中，假使宝宝没有反应也不用太在意，重要的是借由孕妈妈、准爸爸对宝宝说故事时的音频，让胎儿熟悉声音，感觉被重视被关心。

* 运动胎教

适宜的运动可以预防感冒、增强身体的抵抗力，加速体内酸性代谢产物排出，对恶心、呕吐等也有缓解作用，还能使孕妈妈心情舒畅、促进血液循环和胎儿的发育。最重要的是，能让孕妈妈在分娩时更加的顺利。孕妈妈做肢体伸展、孕妇瑜伽(有特殊疾病者不适合）等柔和的运动都很好。假如平常就有运动习惯的人，在怀孕之后仍然可持续平时做的运动，例如，运动选手，怀孕后一样可以操练、参加比赛。不过怀孕后心脏负荷较重，行动会渐趋缓慢，无法像往常一样的灵敏，这是正常的，不要强迫自己做超出体能的事。假如平常没有运动习惯的人，怀孕之后只适合做缓和的运动，因为突然做剧烈运动，会增加体内的“酸”，透过胎盘会给胎儿带来不良影响。依照孕妈妈自己的体力去调整运动方式，孕妈妈只需要做一些脸不红、气不喘的运动即可，避免产生子宫收缩、不正常出血等问题。另外在怀孕期间可正常活动，除了有一些疾病(如妊娠高血压综合征、前置胎盘有出血现象、子宫早期收缩现象或特殊情况需要安胎）的孕妈妈之外，建议身体状况良好的孕妈妈在怀孕后期可增加散步量，对生产会有帮助。对孕妈妈来说，骨盆运动其实是最好的，例如：散步、骑脚踏车、瑜伽、游泳等，不会过于激烈又能达到运动的效果。

何谓前置胎盘

前置胎盘为胎盘挡在子宫颈口，一般正常情况应该是胎盘附着在子宫腔前壁、后壁或顶部位置。假如有前置胎盘情形，自然产的话会引发大量出血或子宫收缩，甚至是不收缩情况都会出血，因此有这种症状的孕妇几乎都必须采取剖宫产。

结论

无论用何种方式做胎教，最重要的前提就是孕妈妈保持着一种愉悦的心情。对于怀孕之后所带来的改变，孕妈妈要调适自己的心态、情绪，不要过于紧张、焦虑，还要摄取足够的营养、保持充分的睡眠。另外准爸爸对于胎儿来说也是相当重要的，准爸爸对孕妈妈的体贴和关爱程度，深深地影响着孕妈妈的情绪和胎儿的成长，家人间的彼此关怀也是不可缺少的。相信孕妈妈生活在充满爱的氛围中，期待着胎儿的降临，一定能生出健康又可爱的宝宝哦！

准爸爸做胎教

准爸爸能做的事

1 了解孕妈妈不同阶段的孕期变化。

2 注意孕妈妈的饮食均衡、摄取足够营养。

3 生活中时常关心孕妈妈、胎动反应。

4 协助孕妈妈调适紧张情绪。

5 注意居家环境、避免噪声，拥有安稳舒适的环境能让孕妈妈心安。

6 和胎宝宝说话、唱歌等付出关爱的感觉。

7 陪伴（如陪同孕妈妈去产检）。

8 和孕妈妈一起从事有兴趣的事或休闲活动。

9 让孕妈妈拥有好心情。

10 屏除不好的坏习惯（例如吸烟、喝酒等）。

胎教日记，不妨交给准爸爸来做

不妨记录下孕期的点点滴滴，这将是一份十分珍贵的胎宝宝成长记录，也是一份难得的孕育生命的写照，这也是培养夫妻爱情结晶的记录，有利于夫妻感情的深化。

胎教日记可以由孕妈妈来记，也可以是准爸爸来写，但鉴于准爸爸无法与胎宝宝进行最亲密的接触，所以，准爸爸不妨以记录胎教日记的方式来感同身受胎宝宝的成长。

准爸爸的胎教日记可以记下新生命的全部孕育过程。

“十月怀胎”的酸甜苦辣，和孕妈妈一起孕育新生命的喜、怒、哀、乐，孕妈妈的衣、食、住、行等，甚至偶有的不适，如何就医、如何服药等，都可以记下来，还可以记下对腹中的胎宝宝进行胎教的全过程，在宝宝出生时，还要详细、翔实地记下宝宝出生的全过程。

一个勤奋又负责的准爸爸一定可以写出世界上最好的胎教日记，做好准爸爸就从写胎教日记开始吧！

专家指导

胎教日记的记录贵在坚持，每天都记一点儿，长短无所谓，三言两语，有话则长，无话则短，重在发自内心。

第2个月

蚕豆大的胚胎也能感知心情

本月胎教要点

怀孕第2个月是胚胎发育最关键的时刻，一定要谨慎护理。这时胚胎对致畸因素特别敏感，千万不要滥用药物或接触对胎宝宝有不良影响的事物，同时需要在思想感情上确立母子同安的观念，以便更好地在精神与饮食营养上保护胎宝宝。

在怀孕第2个月，孕妈妈的胎教重点是：

* 注重营养的补充

由于妊娠反应明显，现在孕妈妈常常因饮食量过少而导致营养缺乏，营养不良容易引起流产，一定要注意营养上的补充。

* 保持良好的情绪与心境

从这个月的月末开始，可以听一些优美、柔和的乐曲，每天放1~2次，每次放5~10分钟，这不仅可以激发孕妈妈愉快的情绪，也可以对胎宝宝的听觉给以适应性的刺激作用，为进一步实施的音乐胎教和听觉胎教开个好头。

另外也可以做做手工、看看书等，这都是保持良好心情不错的方法，同时还能提高孕妈妈的动手和思考能力。

* 适当运动

本月的运动方式主要是继续散步和做孕妇体操，不过在运动的时候，孕妈妈一定要量力而行，不可做强度大的运动，也不可运动时间过长，以免引起不必要的伤害。

“亲爱的妈妈，当你听到我对你说的话时，我已不是圆圆的受精卵啦，你已经感受到我的存在了吧？这是我俩之间的小秘密，别人是一点儿也看不出的，这会儿我可忙了。我在温暖的房子——子宫中安心地住了下来，房子好大哦，可我的身体还太小，一不小心就可能从‘墙壁’上掉下来。其实准确说来，我现在还只是一个小胚芽，所以我要不停地生长，等我在房子里扩展开来时，就不用担心掉下去了，不过，妈妈你别担心，我很快就能牢牢地占据我的地盘了。”

* 胎宝宝在发育

胎宝宝此时身长大约2~3厘米，已经可以看到扑通扑通跳的心芽，大脑和其他器官还在慢慢地成形、发育中，大概看得出头跟四肢的形状。

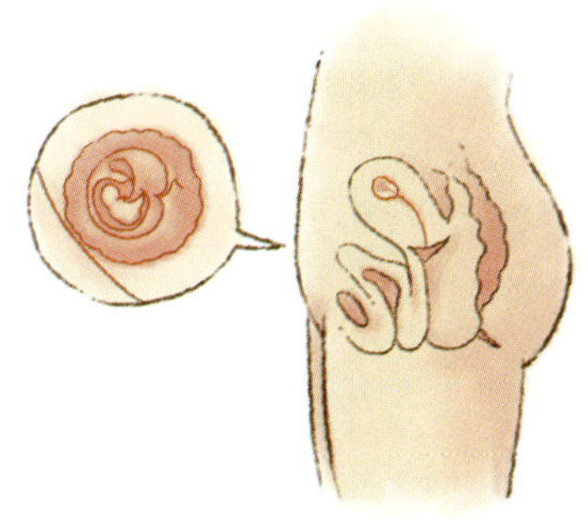

孕妈妈需要了解的

尽快作早孕检查

孕期的初次检查是件大事，在孕早期进行一次检查，不仅是为了确定胎宝宝是否已经到来，而且也是看看胎宝宝的生存环境怎么样，是孕妈妈和胎宝宝孕期健康的保障，也是优生优育的前提。

* 早孕检查的主要项目

1 妇科窥器检查

了解阴道、宫颈情况；观察阴道黏膜是否充血；分泌物颜色、量、气味是否正常；宫颈是否糜烂，以排除孕妈妈的生殖器官发育异常，为宝宝顺利出生提供安全通道。

早孕期间出血时，要特别观察出血原因是否与阴道、宫颈有关，为治疗提供依据。

2 白带检查

了解阴道内是否有滴虫、霉菌存在，必要时还要进行衣原体、支原体、淋球菌检查。若存在以上微生物，容易引起上行性感染，影响胚胎发育，诱发流产，应及时治疗。

3 宫颈刮片检查

此项检查主要是了解宫颈表皮细胞的形态，排除宫颈肿瘤的发生。要注意的是，宫颈刮片检查是较初级检查方法，产生疑点时应进一步作阴道镜检查或宫颈活检病理切片明确诊断。

4 妇科三合诊检查

主要了解子宫大小是否与停经月份相符合，胚胎是否正常发育。

当出现子宫大小与停经月份不相吻合时，需要做B超检查，以排除子宫肌瘤、子宫发育异常和胚胎发育异常等情况；若存在子宫肌瘤，需要估计肌瘤的大小、生长部位和是否影响胚胎生长发育而需要及时终止妊娠，并尽可能地估计到肌瘤的性质。

同时，医生检查的内容还包括双侧附件是否正常，当卵巢增大时，需要鉴别是妊娠引起的功能性增大，还是器质性增大。若是功能性增大，怀孕3个月后会自然消退，若是良性器质性增大，要尽可能在怀孕3个月后手术，以减少流产率。

5 超声检查

停经40天和60天分别作超声波检查，了解胚胎植入子宫的部位和胎宝宝发育情况。

6 其他检查

根据自身情况选择性地作有关检查，患有心、肝、肾、甲状腺等疾病时应进行内科诊断，以了解继续妊娠是否会增大危险。

专家指导

对于到医院进行检查，有的孕妈妈会感到紧张不安，怕检查会给胎宝宝带来隐患，因而不愿配合。其实孕期进行检查的目的主要是了解胎宝宝的情况，及时发现问题，而且医生会根据情况提供保健建议，让孕期更安全。

生活细节有效缓解早孕反应

* 起居细节

早孕反应无法完全避免，但如果在日常生活中做法不当，反而会加重孕吐，想要缓解早孕反应，需要注意的细节有：

1 远离厨房的油烟味

油烟味会加重孕妈妈的早孕反应，尤其会影响食欲。

当烹调味道太强烈时，需要加强厨房的通风状况，打开窗户或排风扇。多利用微波炉烹调，也会减少油烟等气味的产生。孕吐较厉害时，可请家人帮助准备一日三餐。

2 吃完饭不要马上躺下

吃饱后立即躺下容易反胃，可以适当地参加一些轻缓的活动，如室外散步、做孕妇保健操等，以改善心情、减轻压力、缓解早孕反应。但要注意的是，运动不可过于激烈，也应避免嘈杂的环境，否则会加剧孕吐。

4 不要过度劳累

在疲惫的情况下，孕吐状况会加剧，孕妈妈要多注意休息，中午最好能小睡片刻，晚上也要充分休息，早点就寝。睡觉时可以将窗户略微打开，以保持室内空气清新。

5 避免环境温度过高

太热的空气会增加恶心的感觉，气温较高、阳光较强烈时最好不要出门。

6 不要紧张、焦虑

心情的变化对孕吐也有很大的影响。情绪低落会加剧孕吐，孕妈妈应让自己保持心境平和。

* 饮食细节

在饮食结构上作一点小小的调整，也会对缓解早孕反应起到一定的改善作用。

1 少吃多餐

孕妈妈可以将一日三餐改为每天吃上5~6次，每次少吃一点，或者每隔2~3个小时就吃点东西，避免空腹。

在床边多放一些小零食，如饼干、糖果等，这样每天在睡前以及起床前都可以吃一点。

2 多喝水

补充足够的水分才能避免因呕吐造成的脱水。柠檬水有助于平息反胃的情况，孕妈妈可以适当喝一些。

3 烹调要符合自己的口味

孕妈妈的饮食习惯与以往

有了很多变化，有的喜欢吃酸，有的喜欢吃辣，要根据自己的口味来烹调。

不过，多数孕妈妈不喜欢油腻的煎炸食物，所以烹调以炒、炖和清蒸为主最好。

专家指导

如果总是无法避开一些会加重恶心的味道，可以随身准备一块手帕，洒上几滴不会引起恶心的果味油。如柠檬，加重恶心的味道出现时即放到鼻下，这样可以起到一定的缓解作用。

注意出行安全

在孕早期，孕妈妈无论是上班还是出门做别的事，都可能需要使用交通工具，这时孕妈妈一定要学会保护自己。

* 乘坐公共交通工具的安全提示

1 避开上下班高峰期出行，当公交车即将发动时，不要不顾一切地追赶，也不要与别人争抢车门、座位，以免造成危险。

2 站累了或是车上太过拥挤时，可以请别人让个座位，也可以请售票员帮助找个座位。

3 选择靠前、靠窗通风的位置，这样能减少颠簸，恶心时也可以呼吸一下窗外新鲜的空气，以免发生意外。

4 随身带个塑料袋，以免孕吐无法控制。

5 乘坐地铁时需要进行安检，这时孕妈妈可以绕过安检仪器，将手提包交给安检人员代为安检，以避免射线的辐射。

* 自驾车时的安全提示

1 避免在凹凸不平或弯曲的路面上行驶，更不要快速行驶，以防紧急刹车碰撞腹部。

2 不要长时间开车或坐车，坐的时间过久，长期处于单一姿势，会使得孕妈妈腰部受力增大，致使腹压过大，从而可能引发流产。而且，长时间处于震动和摇晃之中很容易疲劳，颠簸状态还可能会引起不正常的腹痛。

3 一定要系上安全带，安全带的肩带置于肩胛骨的地方，不要紧贴脖子，肩带部分应该以穿过胸部中央为宜，腰带应置于腹部下方，不要压迫到肚子。

专家指导

由于体内激素的变化，孕妈妈在怀孕早期的心理状态变得不稳定，注意力不易集中，容易突然间困倦，因此建议孕妈妈在孕早期尽量不要自己开车。

防辐射需要做到的几点

环境中辐射的污染无所不在，对于正处于孕产关键期的孕妈妈来说，能否科学地防止工作、生活环境的电磁辐射，关系到胎宝宝的健康成长。防辐射要做到以下几点：

* 居家防辐射

1 对房间进行一次彻底的辐射检查

目前家中使用的天然装饰石材及砖石中，有一部分具有放射性污染，无论是购房还是租房，都应先彻头彻尾地作辐射检查，如果已无法改变住所，应尽量测出辐射最强的地方，加以屏蔽或调整家具位置，以减少辐射。

2 家电最好是挑选正规厂家的名牌产品

大品牌的家电，其辐射都通过了国家有关部门的严格检测，安全性有保障。

3 与各种电器保持一定的安全距离

远离微波炉、电磁炉、电热毯，电视应距离4米以上，灯管距离应在2米以上，电脑应在1米以上，吹风机不要紧贴头皮使用，不要站在空调的风口，不要将手机挂在胸前。

另外，各种电器的摆放不要过于集中，电视机、电脑、冰箱等不宜摆放在孕妈妈的卧室里。

4 缩短使用电器时间

各种电器都应避免长时间操作和同时启用。冰箱的线圈和马达都是在后方，开冰箱门拿东西时，不要时间太长。不使用的电器，一定要关上电源。

5 不要在床头安装电器、插头

电线也存在辐射，一般的固定电线都是走“暗线”，问题不大，但是床边或最常活动的地方一定不要安置十分密集的接线板或插头。

* 工作环境防辐射

1 电脑

电脑屏幕的X光辐射：这种辐射出现在CRT显示器上。液晶显示器的屏幕一般没有辐射，孕妈妈应尽量使用液晶显示器，如果必须使用CRT显示器，需要加一个纤维玻璃来阻隔。

电脑背面的电线圈辐射：这种辐射在CRT和液晶显示器上都存在，显示器的侧面和背面都会出现，危害较大，孕妈妈应避免在别人电脑的背面工作。

2 手机

手机的辐射有大有小，待机时辐射最小，电话接通一瞬间辐射最大，孕妈妈要避免将手机揣在裤兜或挂在胸前，来电话时按下接听键后等待3秒钟再放到耳边，或使用免提或耳机。

要特别提醒的是，一些无牌或杂牌的手机，在电话接通后辐射量仍然很大，建议孕妈妈最好使用大品牌且有保障的手机。

3 复印机

使用复印机时，孕妈妈身体距离机器至少应在30厘米以上。

专家指导

若是有需要，孕妈妈可以穿防辐射服装，也可以在电脑旁养一盆防辐射的绿色植物，如仙人掌、芦荟等，还可以适当食用一些具有提高身体防辐射能力的食物，如卷心菜、豆类、海带、紫菜、黑芝麻、番茄、葡萄等。

胎教在生活的点滴中

朗诵诗歌《我的信仰》

我相信　爱的本质一如
生命的单纯与温柔
我相信　所有的
光与影的反射和相投
我相信　满树的花朵
只源于冰雪中的一粒种子
我相信　三百首诗
反复述说着的　也就只是
年少时没能说出的
那一个字
我相信　上苍一切的安排
我也相信　如果你愿与我
一起去追溯
在那遥远而谦卑的源头之上
我们终于会互相明白

* 胎教点读

在你心里，信仰是什么？

也许，你还只是习惯做妈妈的女儿。小时候，妈妈是你的一个信仰，那么多年过去了，现在你也成了妈妈，或许，当你日夜期盼着宝宝的到来时，也会把他当做是你的信仰；又或许，你也正在成为胎宝宝的信仰。

这首诗表达了诗人席慕蓉对爱的理解。爱情是两个人互相努力互相体会的一件事情，孕育一个新生命又何尝不是呢？大自然的万物都会为此而歌颂。读读诗人的美丽诗句吧，感受一下淡雅剔透、抒情灵动的文字中对生命的挚爱真情，孕妈妈的好情绪将为胎宝宝创造一个良好的成长环境。

讲故事《小熊过桥》

有一只小熊对妈妈说："妈妈，我好些日子没看见姥姥了，我想去看看姥姥。"

妈妈说："好啊，你去的时候，把咱们那束鲜花给姥姥带去，把那一包点心也给姥姥带去！"

小熊抱起点心盒子，拿起那束鲜花，说："妈妈，我走了！"

妈妈说："好，早去早回，替我问姥姥好！"小熊说："哎，妈妈再见！"说着就走了。小熊走着走着，来到一条小河边上。河上有一座桥。这桥是用竹子搭的，小熊走到上面就不敢动了，因为走起来左一摇右一晃的，河水还在下边哗哗地响哩！

小熊正害怕，天上飞过来一只乌鸦。这乌鸦不但不帮助小熊，还吓唬他。乌鸦高声喊道："呱——呱——呱——坏啦，坏啦！你们瞧啊，小熊要掉下河啦，小熊要掉下河啦！"

小熊本来就害怕，被乌鸦这一吓唬，就更不敢动了。他低头一看河水，河水也在笑话他："哗哗哗哗，小熊小熊，你怎么这么不勇敢哪，小竹桥都不敢过！这么胆小，太没出息啦，太没出息啦！"

小熊一想：乌鸦吓唬我，河水笑话我，这，这可怎么办呢？小熊着急得哭着叫："妈妈，妈妈，快来呀！"可是，妈妈离这儿远啊，听不见呀。

熊妈妈听不见，可是水里的小鱼儿听见了，它们"扑噜，扑噜"从水里钻出头来，对小熊说："小熊，小熊，你别害怕，把眼睛往前瞧，别往水下看，你挺起胸，直起腰，迈开步，一二,一二，就过去啦！"

小熊听小鱼儿的话，抬起头，眼睛向前看，挺起胸，直起腰，迈开大步，一二,一二！嘿，真过去了。

过去以后，眼泪还没干，小熊就高兴地笑了。小熊回过头来，冲着小鱼儿直点头："小鱼儿，小鱼儿，谢谢你们了，再见吧！"

小鱼儿一看小熊平平安安地过去了，都挺高兴，"扑通，扑通"，全都钻到水里去了。

* 胎教点读

小熊是个听话又可爱的小宝宝。讲故事时，你可以想象自己就是熊宝宝，仔细体会熊宝宝从害怕到勇敢的心理转变，然后将自己的理解有感情地传达给腹中的胎宝宝，胎宝宝虽然小，但通过孕妈妈的身心，他能真切地体会到勇敢和快乐的情绪，让自己发育得更好。

阅读优美的文学作品《笑》

雨声渐渐地住了，窗帘后隐隐地透进清光来。推开窗户一看，呀！凉云散了，树叶上的残滴，映着月儿，好似萤光千点，闪闪烁烁地动着——真没想到苦雨孤灯之后，会有这么一幅清美的图画！

凭窗站了一会儿，微微地觉得凉意沁人。转过身来，忽然眼花缭乱，屋子里的别的东西，都隐在光云里；一片幽辉，只浸着墙上画中的安琪儿——这白衣的安琪儿，抱着花儿，扬着翅儿，向着我微微地笑。

“这笑容仿佛在哪儿看见过似的，什么时候，我曾……”我不知不觉地便坐在窗子旁想——默默地想。

严闭的心幕，慢慢地拉开了，涌出五年前的一个印象——一条很长的古道。驴脚下的泥，兀自滑滑的；田沟里的水，潺潺地流着；近村的绿树，都笼在湿烟里；弓儿似的新月，挂在树梢。一边走着，似乎道旁有一个孩子，抱着一堆灿白的东西。驴儿过去了，无意中回头一看——他抱着花儿，赤着脚儿，向着我微微地笑。

“这笑容又仿佛是哪儿看见过似的！”我仍是想——默默地想。

又现出一重心幕来，也慢慢地拉开了，涌出十年前的一个印象——茅檐下的雨水，一滴一滴地落到衣上来。土阶边的水泡儿，泛来泛去地乱转。门前的麦垄和葡萄架子，都濯得新黄嫩绿的非常鲜丽——一会儿好容易雨晴了，连忙走下坡儿去。迎头看见月儿从海面上来了，猛然记得有件东西忘下了，站住了，回过头来。这茅屋里的老妇人——她倚着门儿，抱着花儿，向着我微微地笑。

这同样微妙的神情，好似游丝一般，飘飘漾漾地合了拢来，绾在一起。这时心下光明澄静，如登仙界，如归故乡。眼前浮现的三个笑容，一时融化在爱的调和里看不分明了。

＊胎教点读

这篇优美的抒情散文，语言典雅秀逸、清丽淡远。作者由一个雨后月夜的美景引出多幅微笑图景的追忆，相信你能从中领悟到人生的理想境界——爱的调和。

微笑是一种神奇的表情，它是生活中永远的阳光，怀着母性的温爱对待生命中的每件事情吧，用柔和的笑影生活在人间，孕妈妈不妨和腹中的宝宝一起分享一下这篇美文，用你的微笑让胎宝宝体会到自己的爱。

不要给自己压力

压力（生气、与人争吵等）对于孕妈妈的危害很大，很容易导致血压升高、胃肠道疾病等，同时还会殃及胎宝宝，孕妈妈压力越大，对胎宝宝产生的负面影响越严重。

* 压力对胎宝宝的危害

1 容易导致流产

压力过大时，孕妈妈体内会大量释放出一种激素，导致自发性流产。

2 可导致婴儿先天缺陷

压力过大会使得宝宝患腭裂、兔唇、听力缺陷、先天性心脏病的概率增加，这种影响从孕早期就会开始，胎儿出生时体重也较轻。

3 影响胎宝宝心智、性格发育

孕妈妈压力过大，胎宝宝出生后心智问题、忧郁、胆小的概率会较大，智商会较其他宝宝略低，孕妈妈越放松，胎宝宝出现心智问题的概率就越小，身心发展也比较健康。

* 怎样控制压力

压力是孕妈妈的大敌，一定要学会缓解压力，实际上缓解压力并没有想象中的那么难，我们给孕妈妈提供了一些关于控制压力的建议：

1 做一些有益身心健康的活动，如做孕妇瑜伽、深呼吸等

这种能在短期刺激身体的放松反应，包括降低血压、降低心率和呼吸率、改善睡眠，有助于缓解孕期的压力，对孕妈妈和胎宝宝都有益。

如果能定期进行有益身心的活动，身体内还会释放出内啡肽和复合胺，提高身体应付压力的能力。

2 减少工作量

工作时间过长会加大压力，孕妈妈每天工作时间不应超过8小时，还要避免上夜班，条件允许的话，感到疲劳时应稍休息，到室外、阳台呼吸一下新鲜空气，或换一下姿势。

3 悠闲自得地散步

散步也是一种很好的解压方式，坚持晚饭后就近到公园、广场散步，能解除疲劳，也是调节和保持孕妈妈良好情绪的方法，最好是由准爸爸陪同进行，行程要适中，还应避免着凉。

4 听听轻缓、舒畅的音乐

多听这样的音乐可避免对压力产生消极反应，不仅能给人美的熏陶和享受，还能使精神得到有效放松，压力大时不妨让优美的乐曲来帮忙化解。

5 寻求更多的帮助

人其实是社会动物，脱离了亲人和朋友很容易情绪低落。孕妈妈应让自己包围在爱和支持中，扩大支持你的朋友和家人的范围，多与闺密、丈

夫、亲人、朋友、同事聊聊天，在交流中获得的支持和信息会给自己提供安全感，对缓解压力非常有益。

专家指导

感觉有压力是很正常的，重要的是学会分析引起压力的原因，进而采取可行措施，解决引起压力的问题。

吃鱼能让宝宝更聪明

鱼类脂肪中的多价不饱和脂肪酸是一种有益于大脑的物质，对脑细胞，特别是脑神经传导和突触的生长发育有重要作用，能提高智力、记忆力和思维能力，孕妈妈多吃鱼有利胎宝宝脑部神经系统发育，将来宝宝会特别聪明。

更多吃鱼的好处：孕期多吃鱼，怀孕足月的可能性越大，而且出生时的宝宝也会较一般的宝宝更健康、更精神。

所以，想让胎宝宝更健康、更聪明的话，孕妈妈可以在每周的餐单上安排1~2次的鱼肉大餐。

一些深海鱼类，包括人工饲养的鳟鱼及鲶鱼、虾、三文鱼、黄鱼及黑丝蟹鱼等都比较适合孕妈妈吃，另外在烹调的时候尽量采用水煮的方式，清淡饮食比较好，豆腐煮鱼是一种很好的搭配方式，可使豆腐和鱼两种高蛋白食物得以互补。

* 这些鱼类孕妈妈不要吃

1 出现腐败迹象的鱼类。鱼腐败后会分解形成大量组织胺，诱发强烈的变态反应，对孕妈妈构成危险。

一般来说，鲜鱼体表具有固有的色泽和光泽，鱼鳞完整或稍有花鳞，紧贴鱼体，不易脱落，眼球饱满，角膜亮而透明，肌肉结实而富有弹性。

2 咸鱼。咸鱼蕴藏有大量二甲基亚硝酸盐，进入体内可以转化成致癌性很强的二甲基亚硝胺，增加胎宝宝出生后的患癌危险。

3 鲨鱼、鲭鱼、旗鱼及方头鱼。因为这四种鱼的汞含量可能会影响胎宝宝大脑的生长发育。

4 鱼油。孕妈妈最好不要吃鱼油，因为鱼油会影响凝血机能，孕妈妈吃多了可能会增加出血概率。

专家指导

孕妈妈和准爸爸平时还可以打听或查询一下附近市场卖的鱼产自哪里。一般来说，化工厂附近水域里的鱼类，或紧靠稻田的塘、堰养殖的鱼类中重金属和农药污染较大。鱼体尤其是鱼头的危险性也大，孕妈妈要避开。

孕期体操，有益孕妈妈和胎宝宝的运动

孕妈妈做孕期体操，进行适当的锻炼，不仅有利于保持健康的身体，防止腰、背部的疼痛与不适，使自己舒服和愉快，也有利于分娩，更重要的是能使胎宝宝身心得到良好的发育，对孕妈妈和胎宝宝的身心健康都有好处，也是孕早期进行间接胎教的重要方式。

对孕妈妈和胎宝宝来说，孕期体操最主要的目的是：

帮助安全度过孕期。

有助顺利分娩。

强健孕妈妈和胎宝宝的体质。

孕期体操是依据孕妈妈孕期身体的变化而编排的运动疗法，其项目多种多样，孕妈妈可以根据自己的身体状况选择合适的项目进行锻炼，只要运动程度在正常范围之内，都可以达到锻炼的效果。

专家指导

有的孕妈妈认为体操不适合孕早期进行锻炼，害怕会因为身体运动过于剧烈而引起流产，这种担忧也有一定道理。不过，大多数时候，只要孕妈妈不感到疲劳，孕期体操都是一举多得的好锻炼方式。

孕期体操——坐的练习和脚部运动

怀孕第2个月的时候，孕妈妈不能做太剧烈、太复杂的运动，也不能压迫到腹部，因此做孕期体操的时候可以从脚部开始，坐的练习和脚部运动是适合此期孕妈妈的体操。

坐的练习要选择一张有靠背的椅子。坐之前，把两脚并拢，将左脚向后挪一点，然后轻轻地坐在椅子的中部。坐稳后，再向后挪动臀部把后背靠在椅子背上，深呼吸，使脊背伸展放松。在孕早期，孕妈妈应多练习“坐”，学会“坐”。

* 脚部运动

1 坐在椅子上或床边，腿和地面呈垂直状，两腿并拢平放在地面。

2 脚尖使劲向上翘，待呼吸一次后，再次恢复原状。

3 将一条腿放在另一条腿上，上面的腿、脚尖慢慢地上下活动，然后换腿进行。

4 每次3~5分钟即可。

专家指导

怀孕初期，可以先从腿部的运动或放松等比较轻松的体操开始，再慢慢地增加体操种类。

孕期动动手，宝宝未来更聪明

怀孕后，很多孕妈妈容易变懒，不想做事，不愿动手也不愿动脑，或者怕活动对腹中的胎宝宝影响不好，其实这样才是对胎宝宝不好。

我们知道，孕妈妈与胎宝宝之间能够传递信息，胎宝宝能够感知孕妈妈的思想。如果孕妈妈不喜欢思考也不学习，胎宝宝也会深受传染，变得懒惰起来，这对于胎宝宝的大脑发育是极为不利的，而倘若孕妈妈始终保持着旺盛的求知欲，经常做做手工，动动手动动脑，则可使胎宝宝不断地接受刺激，促进大脑神经和细胞的发育。

因此，孕妈妈要从自己做起，在孕期多动动手，在DIY的过程中，胎宝宝也就得到了相应的胎教，在不断地探索和实践中，胎宝宝能变得更聪明。

专家指导

孕妈妈在动手过程中，还要勤于动脑、勇于探索，保持求知欲和好学心，在生活中注意观察，将自己的思考方式传递给胎宝宝。

自制可爱布艺口罩

对孕妈妈来说，口罩是非常实用的好东西，随时戴上口罩，出门就能防尘防菌防病毒。孕早期妊娠反应严重时，如果遇到无法躲避的难闻味道，口罩也能派上用场。

所以，闲暇时孕妈妈不妨动手做个可爱又个性的布艺口罩，它的做法也不复杂，而且手工过程是对胎宝宝的一种直接胎教，能培养胎宝宝认真观察、耐心细致的品质，还能进一步加深孕妈妈与胎宝宝的沟通，让孕妈妈激发对胎宝宝的爱意。

现在就跟随我们一起，做一个可爱的口罩吧。

* 需要准备的材料

1 大小规格约15厘米×15厘米的表布、里布、辅棉各2块。

表布：孕妈妈可选自己喜欢的花色。

里布：由于与皮肤直接接触，最好是透气性好且容易清洗的纱布。

辅棉：夹在表布与里布之间，可用一面带有黏胶的，这样制作起来很方便。

2 松紧带2条，长度约30厘米，也可以选择其他喜欢的绳、花边等。

* 制作口罩的纸样

制作口罩难度不大，主要是板型的裁剪，使用前先确认所需要的尺寸，然后用硬纸板裁剪出来，布料可依照硬纸板来裁剪。

* 制作步骤

❶ 根据纸样裁剪表布、里布、辅棉各2片，辅棉不含缝份的尺寸。

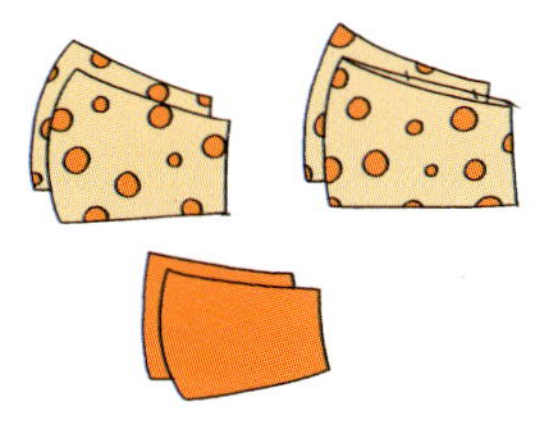

❷ 将辅棉熨烫或粘贴在表布的反面。

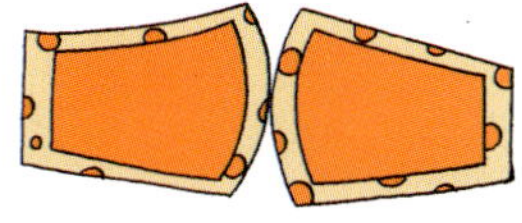

❸ 将表布及里布分别正面相对，正面朝里对齐缝合中线，然后摊平缝合后的表布和里布，正面朝里对齐缝合上下两条边，注意：两端的侧边不要缝合。

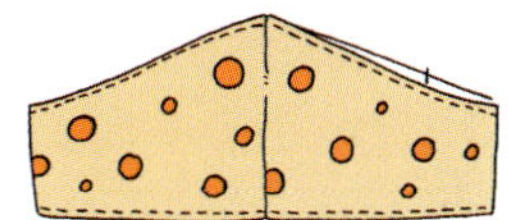

❹ 将口罩翻到正面，用熨斗将上下两边熨平，然后将两侧的边朝里布一边折进0.6厘米左右熨平，之后再向内翻折，翻折的位置刚好落在中间辅棉的边缘上，再将折边熨平。

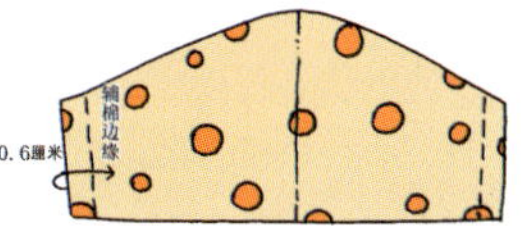

❺ 沿着两侧边的折边边缘压线，形成一条通道用来穿松紧带或系带。

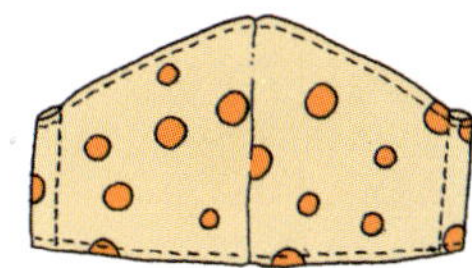

❻ 最后装上带子即可，松紧带可缝合接口，绳、花边可做活动系带。

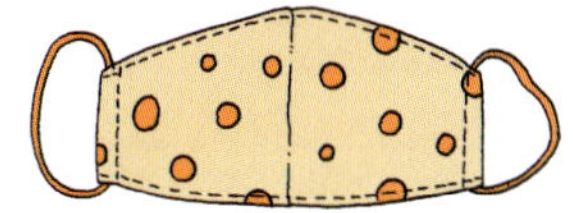

准爸爸做胎教

为孕妈妈布置一下卧室

孕期开始了，准爸爸也行动起来吧，充分利用时间和创意，为孕妈妈打造温馨的卧室。

* 床

孕妈妈适宜睡木板床，铺上较厚的棉絮，避免因床板过硬，缺乏对身体的缓冲力，从而转侧过频，多梦易醒。

为了避免弄脏床垫，可在床垫上方加上软垫或保洁垫，以保持床垫洁净，还可以在床边加一张活动式桌子，让孕妈妈坐在床上看书或享受美餐。

* 枕头

枕头高度以9厘米(平肩)为宜，过高会迫使颈部前屈而压迫颈动脉，进而引起大脑血流量降低而引起脑缺氧。

* 棉被、床单

理想的被褥是全棉布包裹棉絮，床单也应是棉织品，不宜使用化纤混纺织物做被套及床单。

* 家具摆放

家具要尽可能地靠墙放，棱角不要突出太多，尽量让空间相对地增大，孕妈妈需要一个宽敞的空间进行活动。

* 色调与装饰

色调要朴素，典雅优美。装饰品主要以简单明亮、令人愉悦的图画、照片为主，如美丽的山水画、风光图、宝宝微笑的照片等，不要出现动物图案。

为了保持视觉上的舒适和清爽，建议以淡色系或中性色系为主，不要选择太花或是太杂的颜色。

* 温度及湿度

室温夏季以27°C~28°C，冬季以16°C~18°C为宜，室内外温差不要超过5°C，空气湿度应为30%~40%。

专家指导

大靠枕、小脚凳和小毛毯是孕妈妈整个孕期都十分有用的小物件，准爸爸不妨在卧室和客厅多放置几个，这样可缓解孕妈妈的身体不适感，还可随时保暖。

孕期常见泌尿困扰

怀孕时，体内孕育着一天一天逐渐茁壮成长的生命，孕妈妈的生理变化也会影响到泌尿系统，虽然期待着宝宝的出生，但同时也要忍受身体改变带来的不适感。怀孕常见的泌尿问题有哪些？哪些是正常的、哪些又需要作进一步处置？结石只能靠手术治疗吗？多吃高钙食物到底正不正确？生产完后若还有尿失禁困扰该怎么办？这些问题都将在本篇文章中得到详细的解答。

＊怀孕时经常出现的泌尿问题

因为变大的子宫压迫到输尿管，使得尿流不顺、也容易造成尿路感染或尿路结石。其他如肾脏水肿、尿频与夜尿、尿失禁等问题也是怀孕期间常见的泌尿困扰。有些症状在生产完后会逐渐消失、有些则需要治疗；另外如尿失禁则可以借由简易的运动来作改善。怀孕常见泌尿问题有哪些？医师又分别给予什么建议？

尿路感染：尿道炎、膀胱炎、肾盂肾炎

尿路感染的主要原因为细菌侵犯泌尿系统，并为上行性感染，细菌从尿道口周围往尿道移动，依次为尿道→膀胱→肾脏，依不同的感染部位而有不同的症状与严重性。无论是哪一个部位感染，都统称为尿路感染。而最常侵犯人体的细菌则为大肠杆菌，随着被侵犯的部位不同，尿路感染又可分为尿道炎、膀胱炎、肾盂肾炎。也因为上行性感染的缘故，若是得了膀胱炎，通常表示尿道也有发炎；但得了尿道炎的人膀胱不一定发炎。三种发炎现象中女性最常见的尿路感染为膀胱炎。女性之所以较男性拥有较高的膀胱炎罹患率，主要是因为女性的尿道较短，仅约4厘米长，致使细菌比较容易经过尿道侵入膀胱而被感染。许多女性都有憋尿的习惯，长期累积下来也会影响膀胱的功能而造成尿路感染。

憋尿的坏处

膀胱内壁黏膜有抵抗细菌的功用。有尿急的感觉是因为膀胱已被尿液胀满，膀胱壁的血管同时也被压迫，憋尿会使膀胱内壁黏膜充血，当人体的抵抗力较差的时候细菌就会乘虚而入，造成发炎与感染。控制膀胱收缩的神经分布在膀胱壁肌肉中，如果憋尿的时间过长，就会因为过度膨胀或神经缺血而使膀胱受损，也会留下日后频尿、解尿时疼痛等后遗症，造成神经性膀胱，如果膀胱壁上分布的神经受损的情形太过严重，也可能导致无法解尿，所以千万不要养成憋尿的习惯。

导致尿路感染的各种成因

怀孕期间，孕妈妈身体产生变化，肾脏所增加的血液流量会使肾脏变大；集尿系统的输尿管蠕动也会降低。因为激素影响、加上逐渐成长的子宫也会压迫到输尿管，所以怀孕后期多数孕妈妈的肾脏或输尿管都会呈现水肿现象，而这也正是尿路感染成为怀孕期间常见泌尿问题的主要原因。怀孕期间若出现尿路感染，据统计高达近三成的比例会演变为急性肾盂肾炎。其他如憋尿、膀胱输尿管尿液逆流或排便

时不正确的擦拭方法也都是导致尿路感染的原因；房事时容易将女性肛门口附近的细菌带到尿道，也会造成感染。因此房事前应特别注意阴部卫生、男性生殖器官更要保持清洁无污垢。房事后女性也须尽快排尿，较能降低膀胱炎的发生概率。此外如厕完毕正确的擦拭方式应为由前往后擦拭，避免将肛门口的细菌带到尿道口。

尿路感染的症状、治疗与预防方式

不同部位的疾病	症状	治疗方式	预防方式与建议
尿道炎	尿频、尿急	应多喝水、不要憋尿；保持正常的生活作息与充足睡眠、愉快心情，过度疲累与压力太大易使细菌有机可乘而造成感染，小便时尿道有灼热及刺痛感、夜间频尿（但不会下腹疼痛）	*食物上可多摄取蔓越莓，不易购买到时也可以用蔓越莓干或蔓越莓汁代替，可协助预防尿路感染。多吃蔬菜、水果可使尿液碱化，也可降低感染概率。酒精类饮料须避免 *应尽量挑选较为宽松的衣物，以免因流汗潮湿而滋生细菌；内裤应选择较为透气的材质。应用抗生素药物治疗，但怀孕期间因为体内循环与肾脏血流的增加以致药效会降低，所以用药剂量上医生会斟酌增加。在药剂种类的选择上，都要选择对胎儿无不良反应的药物，怀孕期间使用的抗生素以盘尼西林和头孢子素较为安全，而抗生素中的四环素与红霉素则分别会导致胎儿畸形与引发黄疸，孕期应避免使用
膀胱炎	尿频、尿急	小便时尿道有灼热及刺痛感，夜间频尿、下腹疼痛	
急性肾盂肾炎		发热、尿液浓浊(因尿液中白细胞数量较多)、腰部疼痛	

主动检查尿液，可预防尿路感染

泌尿道感染不一定有明显症状，如菌尿症(尿液中有细菌）就是没有任何症状的泌尿系统感染。如果孕妈妈得了菌尿症，较容易演变为明显的尿路感染或急性肾盂肾炎。既然无法以症状来判别自己是否得了菌尿症，孕妈妈产检时可以主动要求作尿液检查来确定尿液中是否含有过量细菌。及早检查的好处在于可使菌尿症在成为尿路感染前先被治疗，比较不会引发实际泌尿系统的感染。如果孕妈妈原先已患有糖尿病或重复泌尿道感染、贫血或膀胱功能不全，怀孕时泌尿道被感染的概率也会比较大。

多喝水可将体内细菌排出

为什么多喝水对于解决泌尿问题很重要？因为多喝水也会多排尿，当排尿的频率增加，可将入侵体内的细菌冲刷出去、稀释细菌浓度，所以一有尿意时，应该立即如厕，避免细菌累积在体内而造成上行性感染。怀孕时阴道易产生分泌物，若水喝得不够、憋尿或不常更换内裤及护垫，都是容易造成尿道感染的原因。

尿路结石

若罹患急性肾盂肾炎，在治疗48~72小时后症状仍未改善，则有可能是尿路结石造成输尿管阻塞所致。尿路结石是相当困扰孕妈妈的泌尿问题，肾绞痛则为尿路结石的症状。孕妈妈如有明显的肾绞痛情形，应该积极就医。一般结石患者诊断的流程为先照射X光找出体内结石所在位置，根据病情再作进一步超声波或经静脉肾盂摄影术等检查。不过由于胎儿须避免X光照射，所以可改作验尿检查，观察尿液中是否有出血或是以超声波检测是否有结石的影子。不可否认，输尿管结石在超声波检查中比较不容易被发现，但可以诊断是否出现肾水肿，如有肾水肿又合并肾绞痛症状，则推测可能为结石。

孕期结石的处置方式

孕期尿路结石的治疗方法与一般情况相同，但必须更加谨慎。其实只要大量饮水、配合使用止痛剂，50%以上患者在约2周内就可以自行将结石排出体外；若因结石造成肾水肿、甚至严重肾绞痛，医生也可能在孕妈妈的膀胱内放入一个双J形的导管暂时解除输尿管阻塞问题，等到生产完后再作进一步处置并将导管撤除。尿路结石的治疗方式多元，真正需开刀取出结石的情况较少见，所以若有尿路结石，也无须过度担心。医生对于孕妈妈尿路结石的检查及治疗方式，通常都会采取谨慎保守的原则，尽量不使用X光检查与手术治疗，除非上述方法皆无效而患者的病症又相当严重时，才考虑直接以手术取出结石，否则应等待产后再考虑要以何种方式取出结石较佳。

仍需摄取钙质，但必须配合补充充足的水分

人体内结石形成的原因，来自于许多细小的结晶经年累月堆积的结果。较常见的原因为：当过多的钙离子经由肾脏被排出体外时，在肾脏内部就容易形成细小的结晶沉淀物，结晶一再沉淀的结果就会产生结石，当这些结石由肾脏掉入输尿管时，就会造成泌尿系统阻塞，进一步引发肾绞痛的症状。所以过多的钙质也是形成结石的原因之一。虽然大家都知道怀孕时要多摄取钙质，但过多钙质也可能导致结石，该怎么办呢？难道小鱼干、牛奶等高钙食物及饮

品都不能食用了吗？其实也不然，怀孕时只要配合补充充足的水分就可以避免过多钙离子囤积体内造成结石，因为充足的水分可以减少结晶沉淀的机会，也可将细小的结晶排出体外。预防结石的方式为每天多喝水、多排尿，一天喝水至少2500毫升以上，排尿量至少达到1500~2000毫升。饮食均衡、并以清淡口味为主，少吃太咸的食物。因为盐分中的钠离子在肠胃道里可以促进钙离子的吸收；若多吃富含纤维的食物，如蔬菜、水果，蔬果所蕴涵的钾离子则可抑制钙离子沉淀的发生、纤维质在肠胃道里也可与钙离子结合在一起，而减少身体对于钙的吸收。可见健康的饮食与水分摄取对预防结石很重要。提醒孕妈妈一旦有结石症状出现，必须立即就医。

肾脏水肿

也就是肾脏积水，又称为水肾。可经由超声波检测得知肾脏是否呈现水肿；若有肾水肿，肾脏部位也会疼痛。因为子宫胀大后压迫到输尿管及影响女性激素作用，多数孕妈妈的肾脏或输尿管在怀孕后期都会呈现水肿；尤其是第一次生产的孕妈妈水肾的情形会比较明显。怀孕时大约有九成孕妈妈会出现肾脏水肿，一般在怀孕第6~10周时开始产生，一直到第22~24周时最严重。不过孕期肾脏水肿属正常现象，是怀孕时生理的改变而非病变，通常产后1周左右就会恢复正常，绝大多数肾水肿在怀孕时不须作特别处置。倘若肾水肿的情形过于严重，如之前所言，可能是输尿管结石所引起；另外也不排除输尿管长肿瘤的可能，但概率较低。一般而言还是会等到生产完后再作彻底诊治。

虽然多数肾水肿情形无须过于担心，不过如果孕妈妈的肾脏功能不全，胎儿早产的比例则会比较高。若肾功能不到正常人的一半，却仍想怀孕生产则需多考虑并咨询医生。如何知道自己的肾脏功能是否健全？也必须透过肾功能筛检来判定。

尿频与夜尿

大约八成孕妈妈都有夜尿及尿频的经验。因为怀孕时子宫胀大会压迫到膀胱；另外孕期水肿也是一个原因。怀孕时下肢水肿，夜晚睡眠时，水肿的水分会大量回流，也会产生尿频及夜尿的结果；有时候甚至是心理作用的影响。怀孕中期变大的子宫会占据骨盆腔，膀胱被压迫，相对膀胱容量会缩小，容易尿急也是怀孕常出现的现象。孕妇的肾脏功能对身体姿势的改变很敏感，平躺与侧躺姿势易使尿意增加。尿频与夜尿的现象在生产完后会减缓。虽然医师建议平时需有充足的水分摄取，不过若经常夜尿，睡前则不宜多喝水，应于其他时段多饮水较佳。

养成良好生活习惯以改善泌尿问题

由于造成尿频的原因很多，所以必须找出实际原因加以治疗。很多女性因为尿频而不敢多喝水，但其实尿频更应该多喝水，以避免膀胱的容积量变小，甚至可能失去膨胀的机会。在食物及饮料的选择上，少喝茶、咖啡、绿豆汤、酒精类饮料，少吃西瓜，生产完身体复原后也需培养运动习惯；个人卫生方面若不勤换护垫，反而会使护垫成为细菌滋生的温床。另外无论是否为孕期，皆不建议自行购买局部冲洗液来冲洗阴道。人体身上原有霉菌与细菌共生共存，原本相安无事，如以灭菌液冲洗掉身体体表的细菌，反而可能会

造成霉菌感染，又因尿道口与阴道口相近，假使阴道感染，尿道经常也跟着遭殃。建议如要使用局部冲洗液，应在医生指导下再行使用；如厕后，清洁擦拭时应不要太用力，以免破皮也会造成感染。只有从日常生活的改变做起，无论是孕期或产后才能逐渐杜绝泌尿问题带来的困扰。

应力性尿失禁

应力性尿失禁为尿失禁的其中一种，顾名思义，也就是一用力则容易漏尿，例如打喷嚏、大笑、提重物、咳嗽都可能会在公众场合陷入尿湿裤子的窘境。这也是孕期的困扰之一。据统计约一半以上的孕妈妈会因为子宫胀大，骨盆底的肌肉韧带被拉扯，导致尿道及膀胱角度变大而产生应力性尿失禁。生产完虽然会逐渐恢复，但步入中年后还是可能会受到应力性尿失禁困扰，这也与生产脱离不了关系，尤其生过越多胎越会有尿失禁的问题。以成因来说，怀胎10月由于子宫逐渐变大，子宫本身也会从骨盆腔上升、扩展至腹腔，而子宫上方附着的韧带也随之被拉扯，韧带容易松弛而产生尿失禁或脱垂的现象。这里

所说的“脱垂”是指骨盆腔脏器会下垂至阴道，如膀胱、直肠、子宫都有可能脱垂。除了手术、复健、药物治疗外，医学界更肯定借由培养运动的习惯来改善轻度或中度的脱垂与尿失禁，其中最为人所称道的运动便是凯格尔运动。凯格尔运动又称为骨盆底肌肉运动，可以增加骨盆底肌肉张力和强化括约肌功能。早晚至少各做1次，每次约10分钟，持续3个月以上，可明显改善轻度与中度的尿失禁困扰；至于重度尿失禁可能还是要仰赖手术治疗，但建议只要有尿失禁或脱垂问题的女性，都应先做凯格尔运动并持续观察状况是否获得改善。

如何知道自己有没有脱垂？

如果想知道自己有没有脱垂，可于洗澡时顺便检查。用手触摸阴道口，若有触摸到异物感，则可初步判定为脱垂。如触摸到较硬的异物，可能是子宫脱垂；若触感较为柔软，则可能是膀胱或直肠脱垂。生产完后，随着生产次数越多、年纪越大或曾做过骨盆腔手术都可能导致脱垂。如有脱垂现象，也需到泌尿科诊治。

＊凯格尔运动：告别尿失禁与脱垂

凯格尔运动就是“骨盆底肌肉运动”。依据熟悉的程度，可将凯格尔运动分为三个阶段：

第一阶段：可将自己的食指或中指放入阴道内，尝试做忍住小便、提肛、立正、夹臀等动作，即能清楚地感觉到身体骨盆底肌肉群的收缩，但事先需将手洗净。

第二阶段：维持站立的姿势将第一阶段的基本动作重复

练习，每次都必须确实夹紧臀部提肛，并维持5秒钟，再慢慢放松、休息5秒钟。重复收缩与放松的过程，每做15~20次才算一个回合，每天至少要做三个回合。

第三阶段：当站立时能够将上述动作做得相当熟练时，就可以不需维持站姿而随时做凯格尔运动。无论是躺着、坐着、站着都可以自行运用，甚至是等公交车、看电视、聊天、走路时，任何空当都可以。熟悉后，也可以将收缩与放松的时间自5秒钟延长至10秒钟，甚至更长，增加对骨盆底肌肉的耐力训练；也可以做快速地收缩、放松，以增强肌肉的耐力与爆发力。

凯格尔运动示范

1.躺在床上：

步骤1：仰卧，膝部弓起，双脚轻轻打开。

步骤2：收缩肛门、阴道及尿道，可在心中默数5下后慢慢放松，反复做5次。

步骤3：再以较快的节奏进行同样动作，会阴部位先用力再放松。（会阴是指肛门前面、阴道后面的部位。）开始时反复做5次，习惯后可增加至20次。清晨起床时或就寝前都可以做这个运动。

2.坐在椅子上：

步骤1：坐在椅子上，双脚打开与肩同宽，背部伸直，脸部略为向上。

步骤2：肩膀力量放松；姿势维持不动，收缩肛门、阴道以及尿道，默数5秒钟后放松。可以一边看电视、电脑，一边做这个动作。可重复20次，每日3回。

3.站立时：

步骤1：让腿部、臀部与腹部的肌肉放轻松，想象忍住便意的动作，夹紧肛门周围的肌肉。

步骤2：先缩紧肛门，再慢慢地从1数到5后放松。可重复20次，每日3回。

专家指导

做凯格尔运动时，应使用骨盆底肌肉的力量而非腹部的力量，较类似憋尿的感觉与收缩肛门，建议等第一阶段较熟悉后再进行第二阶段，以免用错部位功亏一篑。除了重复做第一阶段动作、自我熟悉用力位置之外，也有一种生物回馈的方式使用计算机仪器教病患作正确的骨盆底肌肉收缩训练。避免用力部位错误，透过计算机仪器的监测也可使孕妈妈清楚了解自己的用力位置是否正确。

第3个月

小人儿开始有模有样了

本月胎教要点

怀孕3个月以内是胎宝宝对致畸因素十分敏感的时期，这时孕妈妈无论是在精神、饮食、工作、生活等各个方面都应特别谨慎，尽力避免不良因素影响自身和胎宝宝。

此时，胎宝宝尚未能定型，可能因感受外来事物的影响而发生变化，孕妈妈要多让胎宝宝感受良好的刺激，使胎宝宝在母体内受到感应而向美好的方向变化。

在怀孕第3个月，孕妈妈的胎教重点是：

＊注重营养的补充

充足而合理的营养是保证胎宝宝健康成长的重要因素，也是积极开展胎教的基本条件，受孕11周以后，胎宝宝迅速成长和发育，需要的营养也日渐增多，不仅食品的质要求高，而且量也逐渐增多，孕妈妈要注意营养的补充。

＊注重情绪的调试

孕妈妈心情舒畅、心境平和、情绪稳定仍然是此阶段胎教的主要内容，始终保持平和、宁静、愉快而充满爱的心理，这对胎宝宝身体和心理的健康成长，以至未来性格的发育都会起到积极的和良好的作用。

＊培养良好的艺术情操

胎宝宝的艺术细胞从现在开始就可以培养了，孕妈妈除了听音乐，还可以多接触琴棋书画，多阅读一些轻松乐观、文字优美的文学作品，还可以学习插花、摄影和刺绣等，不但陶冶自己的情操，也可感染胎宝宝。

“亲爱的妈妈，在我俩的共同努力下，我终于是个有模有样的小宝宝了，天知道我的小尾巴什么时候就不见了，我还长出了小小的四肢，骨头越来越硬朗，一想起来就高兴的是，我所有的神经肌肉器官都开始工作了，妈妈不要太担心，小宝宝我已经打好了未来成长的基础，以后的任务就是长胖点、长壮些，所以我没事就在房间里做做小运动。”

“告诉妈妈一个小秘密，从现在起，我从小肉团正式升格为小宝宝了，我还知道自己是男孩子还是女孩子，至于到底是男是女嘛，这个还是作为秘密保留吧。”

＊胎宝宝在发育

此时期的宝宝约5~6厘米长，脸部的轮廓开始成形，十根指头分明，大致在第3个月末期，就可以看得到脊椎骨、头骨等骨骼构造。

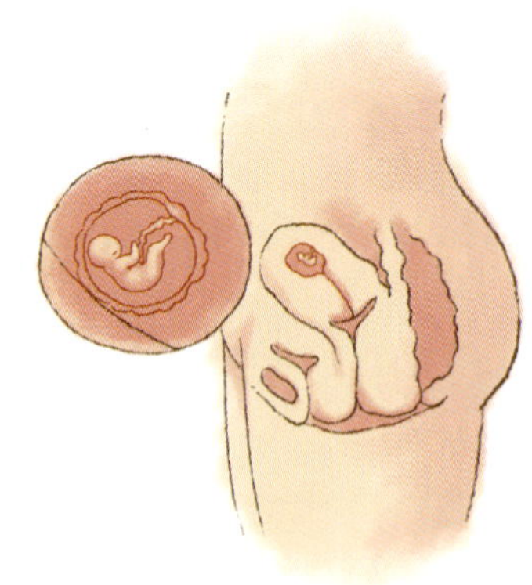

孕妈妈需要了解的

到了预防早期流产的关键期

流产是指在怀孕20周前终止妊娠的情况，其中发生在12周前的称早期流产，以后的为晚期流产，到了孕3月，就进入了预防早期流产的关键期，此后发生流产的概率会比较小。

＊引起流产的原因与征兆

引起流产的原因非常复杂，遗传基因缺陷、免疫因素、母体疾病因素甚至是环境因素，都可能引起自然流产，如胚胎发育不正常；孕妈妈患有急慢性疾病(贫血、高血压、慢性肾炎、心脏病等)；孕妈妈受到汞、铅等有害物质的影响等。

流产最主要征兆是阴道出血和腹部阵痛，下腹有轻微疼痛或感觉腰酸、有下坠感，这可能就是流产的前兆，应及时去医院就诊。

＊怎样减少流产的危险

为了避免发生早期流产，孕妈妈要做到：

定期产检：定期产检能得知胎宝宝的发育成长状况、健康与否，避免发生早期流产。

禁止抽烟、喝酒、喝咖啡：孕妈妈如果抽烟、喝酒、喝咖啡，流产概率会提高。

正常作息：怀孕早期，孕妈妈应尽量避免工作太过劳累、熬夜等，维持正常的生活作息，并保持心情愉悦。

避免危险动作：孕妈妈应尽量避免爬高、提重物或弯腰拿东西，以免造成腹部不适或受到碰撞，导致流产。

补充叶酸：缺乏叶酸也是导致流产的重要因素之一。

留意可能的流产征兆：一般来说，腹痛、阴道出血都是流产的征兆。

专家指导

如果出现流产征兆，孕妈妈要尽快去医院检查，不可盲目保胎，因为有些流产是胚胎发育异常导致的，若出现多次流产，要到医院查染色体或查血，找到流产的根由。

怎样买到中意的内衣裤

这个月，孕妈妈的身形会发生较大的变化，乳房不断增大，乳头非常敏感，腹围也在一天天增加，以前的内衣裤很可能已经不再合身了，选择合适的内衣内裤是非常重要的事情，怎样才能买到称心如意的内衣裤呢？下面的建议或许对孕妈妈有帮助。

＊选购内衣的建议

从怀孕到生产，乳房约增加为原先罩杯的两倍，这种变化要求孕妈妈适当地根据孕期时间和乳房大小来选择合适的文胸：

1 最好选择全罩杯的文胸，并有软钢托支撑。

2 面料应选择舒适、吸汗、透气的纯棉质面料。

3 色调应该选择明亮、轻快的，如白色、粉色、淡蓝色等可以带来好心情的颜色。

4 合适的肩带应该在肩胛骨和锁骨之间，这样才不会有束缚感，选购时不妨试穿一下，可以举手、耸肩，看看它是否会掉下来或感到不适。

5 临产前的孕妈妈可以选择特别为哺乳设计的哺乳文胸，特点是具有活动式扣瓣肩带，哺乳时不用将整个文胸脱下，只需轻轻地按下扣瓣，罩杯前端即可翻下，方便哺乳。

＊选购内裤的建议

1 和内衣一样，孕妈妈的内裤也需要随着腹围的变化来选择。随着孕周增加，就需要换大一号的内裤，目前市场上有一种专门为孕妈妈设计的专用内裤，这种内裤一般都有活动腰带的设计，方便妈妈根据腹围的变化随时调整内裤的腰围大小，十分方便。

2 内裤可选择高腰的设计，能将整个腹部包裹，具有保护肚脐和保暖的作用。

3 由于孕妈妈的阴道分泌物增多，所以最好选择透气性好、吸水性强及触感柔和的纯棉质内裤，对皮肤无刺激，也不会引发皮疹。

4 在孕晚期，还可以选择有前腹加护的特殊孕妇内裤，这种内裤可以起到托腹带的功效，减轻孕妈妈的身体负担，让孕妈妈轻松度过孕期。

＊ 附表

孕妈妈文胸的尺码及相应上下胸围对照表

文胸尺码	70C	75C	80C	85C	90D	75D	80D	85D	90D
下胸围尺寸(厘米)	70	75	80	85	90	75	80	85	90
上胸围尺寸(厘米)	85	90	95	100	105	93	98	103	108

注：上胸围尺寸为乳房隆起的最高点；下胸围尺寸为紧贴乳房隆起处的下缘。

孕妈妈内裤尺码及相应腰围、臀围对照表

内裤尺码	M~L	L~XL	XL~XXL
腹围尺寸(厘米)	78~92	85~110	98~120
臀围尺寸(厘米)	85~95	90~103	100~115

注：腰围尺寸为上半身最细的那部分；臀围尺寸为臀部最丰满的地方。

孕妈妈洗澡有套路

由于新陈代谢逐渐增强，孕妈妈比常人更需要洗澡，以保持皮肤清洁。可洗澡事虽小，却与胎宝宝的健康关系紧密，如果孕妈妈在沐浴时不注意方法，有可能会对自身和胎宝宝的健康造成影响，因此孕妈妈不能忽视了洗澡，孕妈妈洗澡可按以下路数来：

＊ 牢记5个安全原则

1 温差不要过大

洗澡前后的温差过大，很容易刺激孕妈妈的子宫收缩，造成早产、流产等现象，尤其是夏冬两季，洗澡的水温应适中(38°C左右)，不宜过冷也不宜过热，不能蒸桑拿，夏季不能洗凉水澡。

2 时间不能太长

每次洗澡的时间以10~20分钟为宜，不要长时间用热水冲淋腹部，时间过长容易使角质层软化，导致病毒和细菌的侵入，还容易头晕。

另外，洗澡频率根据个人的习惯和季节而定，最好是每天1次，也可2~3天1次。

3 不要坐浴

坐浴容易使细菌进入阴道，造成阴道炎、附件炎等疾病，最好使用淋浴，比较安全卫生。

4 不要锁浴室门

孕妈妈洗澡时要注意室内的通风，避免晕厥，如果是在家里洗澡的话，最好不要锁门，以防万一晕倒、摔倒可得到及时救护。

5 不要去公共浴池

如果实非得已，应掌握好时间，尽量选择在人少的早晨去，此时水质干净，浴池内空气较好。

* 清洁还要注意细节部位

外阴的清洁

除了清洗全身，最重要的是外阴部位的清洗，怀孕后阴道分泌物增多，有时会感觉痛痒，所以一定要每天清洗外阴。外阴最好用清水洗，尽量少用洗剂，避免坐浴，也不要冲洗阴道，否则会影响阴道正常的酸碱环境而引起感染。

小叮咛

洗完澡别急着穿上内裤，可穿上宽松的浴衣或睡裙，等阴部风干后再穿内裤，可以有效地预防阴部痛痒。

乳房的清洁

乳房要用温水冲洗，动作要轻柔，不要用力揉搓，以免引起子宫收缩。

小部位的清洁

肚脐、耳朵、耳背、指甲、脚趾等部位的日常清洁往往被忽视，孕妈妈洗澡时要记得清洗。关于肚脐，可在洗澡前用棉花棒蘸点乳液来软化，然后洗澡时冲净即可。

这些护肤品孕妈妈需要回避

大部分的护肤品孕妈妈都是可以使用的，只是要注意一些小禁忌：

1 含有精油、高纯度植物提取物(简单地说，就是那些号称植物系的品牌）或雌性激素的护肤品。

对孕妇而言，这样的护肤品有很强的刺激性，可能会影响胎宝宝的正常发育，最好停止使用。

2 SPA香薰护理

如果没有专业人士的指导，孕早期的妈妈千万别做，就算孕3月过去了，使用香薰油也应小心，如果没有很好的香薰知识，整个孕期最好不使用香薰。

3 电流的美容仪(离子导入等)之类

即使电流很小也会流遍全身，可能对胎宝宝造成不利影响，因此这类物品不能用，护理的体系应以清洁和滋润为主。

4 A酸产品

这类产品应禁止使用，不过含A醇和A醛的护肤品可以小面积使用，如果没有必要则可以不使用。

5 针对妊娠纹的霜或按摩油产品

不要在孕早期使用这类产品，最好在怀孕3个月后再使用。

专家指导

在身体护理上，孕妈妈还有一些不能做的，比如足底穴位按摩、蒸桑拿之类。孕妈妈脚掌有厚茧时，不可用手撕，可以由准爸爸使用专门的刮刀去除，然后用稍微热一些的水泡脚，注意水温不要超过50°C。

胎教在生活的点滴中

艺术胎教能加强宝宝对艺术的理解力

对胎宝宝进行艺术胎教，可以使得胎宝宝在腹中就受到熏陶，获得美的享受，从而培养其艺术细胞，宝宝出生后的艺术理解力也会比别的孩子强。

胎宝宝与孕妈妈之间有着微妙的心理感应，孕妈妈的一言一行都将对胎宝宝产生潜移默化的影响，胎宝宝的大脑已经开始发育，不仅能感受孕妈妈的艺术熏陶，而且右脑有潜意识的记忆能力，其出生后遇到类似的情景会刺激脑细胞，激发潜意识，唤起胎宝宝期的记忆。

因此，为了让宝宝拥有良好的艺术修养，孕妈妈应从胎宝宝期就开始进行艺术胎教，多欣赏画作、摄影作品，多看优美的文学作品，自己也可以绘画、插花、剪纸等。

欣赏优美的摄影作品

摄影是一门较为年轻的艺术门类，它是一种对现实的高度概括，与任何艺术一样，它来源于生活而高于生活，拍摄者使用照相机反映社会生活和自然现象，用有艺术感染力的照片来表达思想感情。

摄影中包含的不仅仅是画面中表现出来的影像，还包含了诸如哲学、人类学、社会学、历史学、艺术史等方面的背景，是一种雅文化，孕妈妈学会欣赏名家摄影作品，可令自己对艺术的理解更深刻，也可将艺术感染力传递给胎宝宝。

这个阶段，孕妈妈不妨多欣赏一些优美的、以孕妈妈和胎宝宝为主题的摄影作品，这样的作品特别能引起孕妈妈的共鸣，艺术感染效果更好。

阅读文学作品《爱的教育》

我的母亲：十日

——《爱的教育》节选

安利柯！当你弟弟的先生来的时候，你对母亲说了非常失礼的话了！像那样的事，不要再有第二次啊！我听见你那话，心里疼得好像针刺！我记得，数年前你病的时候，你母亲害怕你的病不会好，终夜坐在你床前，数你的脉搏，算你的呼吸，担心得至于啜泣。我以为你母亲要发疯了，很是忧虑。一想到此，我对于你的将来，有点担心起来。你会对你这样的母亲说出那样不该说的话！真是怪事！那是为要解一时的痛苦不惜舍去自己一年间的快乐，为要救你生命不惜舍去自己生命的母亲哩。

安利柯啊！你得记着！你在一生中，当然难免要尝种种的艰苦，而其中最苦的一件事，就是失去了母亲。你将来年纪大了，尝遍了世人的辛苦，必然会几千次地回忆你的母亲来的。一分钟也好，但求能再听听母亲的声音，只一次也好，但求再在母亲的怀里做小儿样的哭泣：这样的时候必定会有的。那时，你忆起了对于亡母曾经给予种种苦痛的事来，不知要怎样地流后悔之泪呢！这不是可悲的事吗？你如果现在使母亲痛心，你将终生受良心的责备吧！母亲的优美慈爱的面容，将来在你眼里将成了悲痛的轻蔑的样子，不绝地使你的灵魂苦痛吧！

啊！安利柯！须知道母爱是人间所有的感情中最神圣的东西。破坏这感情的人，实是世上最不幸的。人虽犯了杀人之罪，只要他是敬爱自己的母亲的，其胸中还有美的贵的部分留着；无论如何有名的人，如果他是使母亲哭泣、使母亲苦痛的，那就真是可鄙可贱的人物。所以，对于亲生的母亲，不该再说无礼的话，万一一时不注意，把话说错了，你该自己从心里悔罪，投身于你母亲的膝下，请求赦免的吻，在你的额上拭去不孝的污痕。我原是爱着你，你在我原是最重要的珍宝。可是，你对于你母亲如果不孝，我宁愿还是没有了你好。不要再走近我！不要来抱我！我现在没有心来拥抱你！

——父亲

* 胎教点读

爱，像空气，是生活中不能缺少的部分，就像父母之爱，意义已经融入生命里。

《爱的教育》是意大利作家亚米契斯的一部儿童小说，也可以看做是小主人公安利柯小学时的一本日记，记录了他在小学四年级这一时期的生活。

作品中融入了种种人世间最伟大的爱：老师之爱、学生之爱、父母之爱、儿女之爱、同学之爱……每一种爱都不是惊天动地的，但却感人肺腑，相信孕妈妈阅读上面的文字时，能体会一颗为人父母的心，这样的心必能让胎宝宝受到人类全部美好品德的熏陶。

听音乐《田园》

《田园》是贝多芬的F大调第六号交响曲，也是贝多芬最受欢迎的交响乐之一，这部作品1808年在维也纳首演，由贝多芬亲自指挥，在首演节目单上，他写道：“乡村生活的回忆，写情多于写景。”

《田园》的灵感来自大自然，整部作品表达了贝多芬对大自然的依恋之情，细腻动人、朴实无华、宁静而安逸。这首乐曲让人感受到人与自然既和谐又统一的佳境，自然的千姿百态与音乐的宏伟互为映衬，就像一幅用眼睛看不见的图画，美妙而令人身心舒展。

* 胎教点读

漫步于小区花园或是林荫小道时，听一听这曲《田园》，满耳的大自然的声音和满眼的大自然的颜色会让你从心灵深处呼吸到那纯净清新的空气，和胎宝宝一起，美美地感受一下吧！

时尚OL孕妈妈穿搭

身为现代的Office Lady，除了靠工作业绩为自己加分，外在的打理也要能让人赏心悦目，我们替上班族的孕妈妈们挑选不同风格的穿着，让美丽的孕妈妈在孕期也能展现自我风格，成为自信满满的时尚OL孕妈妈。

* 活泼俏丽风

孕妈妈们除了选择舒适的衣着，当然也要展现自己的穿衣风格，平常喜爱活泼穿搭的孕妈妈们，不妨选择亮色、特殊图纹或涂鸦的服饰，当个风格独特的上班族孕妈妈吧！

俏皮日系风格

利用不规则的格子图样拼布设计，给人逗趣可爱的感觉，棉织布材质滑顺触感细致，让孕妈妈追求流行之余也能感受舒适。

个性涂鸦派

两侧抓口袋设计搭配立圆领，穿起来独特有型，个性涂鸦点缀在上方，再加上剪裁简单的内搭裤，轻松就能穿出时尚流行。

可爱的普普风设计，剪裁简单色彩亮丽，再配上百搭的内搭裤，展现出活力十足的俏丽风格。

＊甜美气质风

喜欢甜美气质风格的孕妈妈们，可以利用雪纺、薄纱多变的特性，帮自己营造出轻松甜美的迷人氛围，对于孕期的身材也有很好的修饰效果，赶快从各式各样的款式中，找出属于你的那一件吧！

可爱孕妈妈必备

柔和甜美的双色搭配展现出层次感，内搭简单的白色背心，再加上可爱度十足的牛仔短裤，让孕妈妈瞬间成为无敌甜心。

夏日显瘦款

简单的洋装设计，运用由右往左斜裁下来的垂布设计，能有效显瘦，再搭配夏天必备的凉鞋，就是孕妈妈上班族很不错的穿搭啰。

柔美的配色与设计，两侧的垂布可绑起来或自然垂落，让人举手投足都散发甜美迷人的气息。

孕妈妈显瘦穿搭

怀孕过程中，身形改变是必然的，孕妈妈要先了解自己发胖的部位，是只有大肚子，还是全身发胖，或是属于只胖下半身，清楚了解目前的身体比例后，再去挑选适合的服装。如果是属于上半身比较肿的孕妈妈，相对上身看起来会很厚，这时可以利用一些薄外套、背心或罩衫，让上半身有直线分割的效果，看起来也比较显瘦，如果不想每天穿小外套，尤其夏天到了，孕妈妈又怕热，那就可以在脖子上披挂围巾或丝巾，也能展现出同样的效果哦！如果是下半身胖的孕妈妈，有很多长裙不仅能当成裙子也可以变成洋装，对于上半身瘦下半身比较肿的孕妈妈相当适合，不过，不一定要选择很长的裙子，穿起来只要有盖过膝盖的长度就可以了。

＊都会个性风

身为时尚都会的上班族孕妈妈，即使处于忙碌的工作环境，也不能忽略对美的渴望，因此，充满美式都会风格的孕妇装，绝对是独立、自主的你最不能错过的选择。

派对引人造型

肩颈处的设计像绕着一条领巾，下摆垂坠成为袖子的荷叶边。让孕妈妈的身形美丽摇曳，自然而然散发最耐人寻味的极致魅力。

都会柔美设计

透纱的雪纺布料，色彩上以微妙的渐层刻意表达，巧妙利用内外层不规则的衣身与褶份，模糊视觉效果，让孕妈妈完全不显胖。

不对称式领口，右肩挖口让孕妈妈小露香肩，连接前后领口的带子还衬上了一层网，并手工缝制珠饰，显得精巧细致。

* 时尚优雅风

想要营造优雅气息，从衣着款式、颜色的选择到搭配方式，都是孕妈妈需要注重的地方，建议孕妈妈们可以先从洋装入手，再挑选适合的鞋子、饰品，想成为典雅名媛完全不是问题！

气质雅致代表

针织布非常适合体温高的孕妈妈穿着。极佳的垂坠度，小罗马领及左身的抓褶，搭配上不对称的下摆，呈现完美的诠释。

典雅利落穿搭

闪耀光泽感的布料，以蝴蝶结领口开端，延伸至下摆的甜美手法，带点荷叶状的衣身交叉成不对称的下摆，是设计的重点所在。建议搭上具设计感、可修饰下身的九分裤，轻松就能变成典雅利落的上班族孕妈妈。

以经典的黑灰二色作为主轴，领口的缝珠及下摆的链条装饰，为简单的洋装造型增添极简的现代感，优雅成熟中又带点华丽感。

孕妈妈穿衣叮咛

购买衣服时材质选择很重要，因为挺着肚子已经不太舒服了，衣服当然要让人穿起来舒适自在，麻料的材质就是很不错的选择。另外，买衣服的时候，试穿很重要，也要注意买的衣服适合在哪阶段孕期穿，千万不能有那种买宽一点也没关系，反正宝宝生下来后还是可以穿的观念，孕妈妈只要考虑当下衣服穿起来是否合宜即可。

少量多餐，保证胎宝宝的营养

孕妈妈在怀孕早期，因为早孕反应的原因，往往容易没有胃口，会影响营养的摄入，因此应少量多餐，以保证胎宝宝的营养，每顿吃到六七分饱即可，以免反胃恶心，如果中途饿了，则及时加餐，一天可吃5~6顿，以孕妈妈的实际需要为准。

此外，孕妈妈的饮食应该以清淡为主，多吃点易消化，少油腻的食物，可以根据自己的口味和喜好来选择，即选择自己平时爱吃的食物，如果孕妈妈的胃口一直很差，可以适当加重饭菜滋味，但仍需以清淡的食物为主。

还要注意的是，有的孕妈妈以为每次多吃一点，才能保证胎宝宝的健康，其实，孕妈妈应根据身体需要来进食，不要勉强吃喝，否则可能导致营养过剩。

专家指导

孕妈妈如果每顿都吃得有些少，饿得特别快，可以在饭间吃些水果、奶类、点心等，还要记得多喝水。

在房间里贴几张漂亮宝宝照片

孕妈妈可以物色一些漂亮宝宝的图片或相片，在卧室的墙上贴上喜欢的各种大小的宝宝相，或在床头挂上大幅漂亮宝宝的图片，如果找得到自己小时候的漂亮照片，也可以经常拿出来翻看，或是贴在床头。这样，孕妈妈就可以将它们当做是宝宝未来的样子，随时看见都能激发美好的想象，与胎宝宝一起陶醉在这种美好的心情中。

* 胎教点读

当孕妈妈看着可爱的宝宝相，怀着一颗期待的心情想象宝宝的模样，等待宝宝到来时，心情也会变得特别的“靓”，这种“靓”心情，自然会给胎宝宝良好的刺激，他的“心情”也会变“靓”。

养几株植物，令心情更舒缓

从现在起，孕妈妈多关注一下花花草草吧！植物能让人的心灵鲜活、舒畅、充实，孕妈妈养几株植物，可令心情更好、更宁静。

* 孕妈妈适合养哪些植物

1 能吸收有毒化学物质的植物

芦荟、吊兰、龟背竹是天然的清道夫，可以清除空气中的有害物质。

花叶芋、红背桂等是天然的除尘器，能截留并吸滞空气中的飘浮微粒及烟尘。

2 能杀病菌的植物

紫薇、茉莉、柠檬等植物，具有一定杀死白喉菌和痢疾菌等原生菌的能力。

仙人掌肉质茎上的气孔白天关闭，夜间打开，在吸收二氧化碳的同时还制造氧气。

玫瑰、紫罗兰、薄荷等植物可使人放松、精神愉快，有利于睡眠。

3 能驱蚊虫的植物

蚊净香草不仅观赏价值高，还能散发出一种清新淡雅的柠檬香味，在室内有很好的驱蚊效果，对人体却没有毒副作用。

除虫菊含除虫菊酯，也能有效驱除蚊虫。

* 孕妈妈不能养的植物

并非所有的植物都绝对安全、环保，以下植物，孕妈妈最好不要养：

1 本身含有毒性的花草

夹竹桃、郁金香、含羞草、秋水仙等有微毒。

2 松柏类植物，包括玉丁香、接骨木等

这类植物会分泌脂类物质，放出较浓的松脂味，对人体的肠胃有刺激作用，闻久了，会引起恶心、食欲下降，尤其是对孕妈妈影响较大。

3 使人产生过敏的花草

如紫荆花、洋绣球等，接触它们可能诱发哮喘、咳嗽，引发瘙痒症。

4 耗氧性花草

如夜来香、丁香等，它们进行光合作用时，大量消耗氧气，影响人体健康，夜来香、兰花、百合花的香气还会让妈妈过度兴奋而导致失眠。

专家指导

室内的绿色植物不宜摆放过多，特别是卧室，孕妈妈还可以考虑养一些容易成活的植物，像美人蕉、月季花等，这样可以不必太费心打理。

孕期抑郁常常来，学几招轻松应对

近10%的孕妈妈在怀孕期间会感觉到不同程度的抑郁，几乎每个孕妈妈都可能遇到抑郁的情况，主要表现为焦虑、易怒、疲劳、提不起精神、想哭等，如果出现抑郁状况，孕妈妈要学会应对，下面的方法可能会有帮助：

1 不妨多些阿Q精神

可别小瞧了阿Q精神的力量，放在如今，阿Q精神绝对担得起幽默的重责，不但能迅速地解除不快的想法，而且能令生活充满喜剧色彩，让自己和周围的人更开心，是击退抑郁情绪的绝好帮手。下次胃口不佳时，不妨这样想：这是因为胎宝宝太健康，暂时不需要吃饭。

2 难得糊涂也不错

很多时候，心情不好是因为过于在意，当遇到一些不想理会的问题时，孕妈妈不妨装傻充愣，难得糊涂嘛，少操点心自然能让抑郁无处安身。

3 要相信兵来将挡、水来土掩

孕妈妈容易为一些琐事而烦忧，例如，怀孕了会不会被炒鱿鱼，长斑了会不会很难看，等等。人生在世，不如意者十之八九，该发生的始终都会发生，而不该发生的也终究不会发生，孕妈妈大可不必忧烦，事情再糟，也不会糟得太离谱，工作没了还可以找更好的，斑点以后会消退，孕妈妈要相信：兵来自有将来挡，水来自有土来掩。

4 吃一点海味

常吃虾、海鱼、海带等海味有助于减少孕期抑郁的发生，不过要注意的是，海鲜一次不能吃太多，螃蟹性味寒凉，在孕期不宜食用。

专家指导

防止孕期抑郁主要还是由“心”入手，孕妈妈除了要保持乐观、良好的心态，还要及时与家人交流，把心中的不良情绪宣泄出来，这将让孕妈妈得到更多的宽慰和鼓励。

孕期体操——床上运动

床上运动不花费太多的时间，可以锻炼四肢和腰部，清晨和晚上都可进行，是一套比较适合孕早期进行的体操。

1 自然地坐在床上，两腿前伸成V字形，双手放在膝盖上，上身右转，保持两腿伸直，足趾向上，腰部要直，目视右脚，慢慢从1数至10，然后再转至左边，同样数至10，恢复原来的正面姿势。

2 仰卧在床上，膝部放松，双足平放于床面，两手放在身旁，将右膝抱起，使之向胸部靠拢，然后换左腿。

3 仰卧在床上，双膝屈起，手臂放在身旁，侧身滚向左边，用左臀着床，头向右看，恢复原来的姿势。然后滚向右边，以右臀着床，头向左看，反复做几次，以活动颈部和腰部。

4 跪于床上，双手双膝平均承担体重，背部挺直，使头与脊柱成直线，慢慢将右膝抬起靠近胸部，然后抬头，右腿向后伸直，然后换左腿进行。

专家指导

在整个孕期，孕妈妈最好持之以恒，坚持每天做孕期体操，这样可以达到最好的效果。不过，要根据自己的身体状况来决定锻炼量，动作要轻柔，以不感到疲劳为宜。

瑜伽是孕期可常做的运动

瑜伽是一种很柔软的运动，非常适合孕妈妈的生理需要，现在也有专门为孕妈妈量身打造的孕期瑜伽，对调节身心很有帮助，好处很多。

1 增强身体的平衡感

孕期瑜伽比较舒缓，可以增强体力和肌肉张力，增强身体的平衡感。

2 放松心情，提高注意力

孕期瑜伽能让孕妈妈更了

解自己的身体，平缓焦虑、紧张的心情，集中注意力。

3 缓解身体不适

通过练习孕期瑜伽，可以改善血液循环，加强肌肉的力量和伸缩性，可缓解腰酸、背疼和肌肉劳累。

4 有助于顺产

练习孕期瑜伽可不知不觉地放松腹部肌肉，这对于缓解或减少生产过程中的痛楚和不适大有帮助，有助于顺产。

5 改善睡眠，消除失眠

练习孕期瑜伽能让你的睡眠更香，使你更容易入睡，并一觉睡到天亮。

6 令宝宝更灵活敏锐

练习瑜伽也会给予胎宝宝适当而温和的刺激和按摩，令宝宝出生后变得更加灵活敏锐。

小叮咛

在正式开始练习孕期瑜伽前，不管以前是否练习过瑜伽，都必须咨询产科医生，得到许可之后，才能开始练习。

* 孕期瑜伽——直立式

直立式常用来休息放松，适合初级练习者，孕妈妈在孕早期、孕中期、孕后期皆可练习，具体做法是：

1 双脚平行分开站立，身体重量平分在两脚上，闭上眼睛，放松双膝(不要弯曲双膝，膝盖部位不要往后拉或收紧)，舌头保持柔软平放在口腔底部，不要咬紧牙齿，不要抵住上颚，放松双肩，感受耳垂和肩膀之间的空间感，觉得肩膀非常自然柔软地落在耳垂下方，心里继续体会这种柔软的感觉，顺着手臂、经过手腕流到指尖，体会它从脊椎顺流而下的感觉。

2 先放松胃部肌肉，然后是臀部肌肉，这种柔软的感觉继续顺着双腿，经过双膝到达双脚，想象你的双脚是扎在土地里不断生长的根，感觉一天的不适和压力都从大脑出来，顺着脊柱和腿，从脚板排出，这个姿势保持的时间越长，身体感觉越平静。

这是开始练习瑜伽之前的一个很好的预备姿势，注意练习中呼吸要保持平稳。

小叮咛

孕妈妈练习瑜伽时，要避免选择那些强度大的动作来练习，一切动作都应以缓和而从容的心情去做。

自制新生宝宝礼物——小肚兜

宝宝出生后要避免着凉，为他准备一些肚兜就能避免小肚子着凉了。自制肚兜很容易，做法也简单，有绣工的孕妈妈还能在肚兜上发挥更多的好创意。

更重要的是，想到这将成为宝宝的礼物，相信孕妈妈一定会很有成就感，这种积极的情绪对胎宝宝发育将非常有利，所以，孕妈妈怀着美好的期待，来为胎宝宝准备这份有意义的礼物吧！

* 需要准备的材料

两块棉质的方布，尺寸约为30厘米×30厘米，可自己进行调整。

带子4根(用同样的棉质布料裁剪，或其他棉质系带)。

* 制作步骤

❶将两块棉布面朝外相叠，然后对折成三角形。

❷将一边为折边的任一角裁剪出凹弧形，用作脖子部分，其余两角剪成凸圆形。

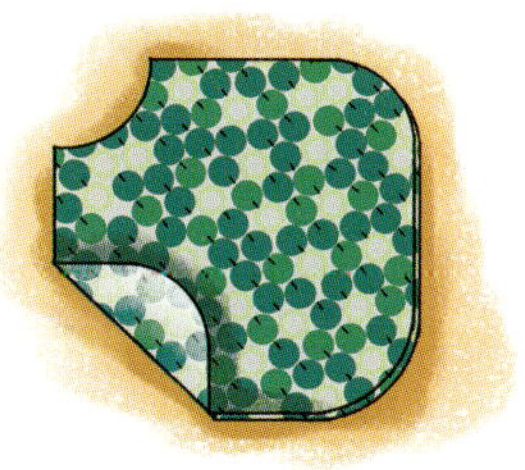

❸将剪好的布料展开，缝合两块布的接口，然后在脖子两端以及两边腰部各缝一条带子即可。

准爸爸做胎教

让家庭氛围变得更好些

在孕妈妈的整个妊娠过程中，大多数的时间都是在家中度过的，家庭气氛和谐与否对胎宝宝的生长发育影响很大。

和谐的家庭气氛是造就后代身心健康的基础，在和睦相处的氛围中孕妈妈得到的是温馨的心理感受，胎宝宝也能在如此良好的环境中获得最佳熏染，从而促进身心的健康发育。

准爸爸作为家庭主干，对家庭氛围的影响不可小瞧，准爸爸有责任为孕妈妈创造良好的家庭氛围。

1 积极热忱地为孕妈妈及腹内的胎宝宝做好服务，不断地给孕妈妈精神与饮食起居上充分的照顾，扮演好未来父亲的角色，使孕妈妈觉得称心，胎宝宝也会感到惬意。

2 准爸爸应该多体贴、关心、爱护孕妈妈，主动承担较重的家务劳动，孕妈妈也不应存有“怀孕有功”的念头，适当地做些较轻的家务活也是有益无害的。

* 值得借鉴的周总理家庭八互歌

众所周知，周总理在一生中对家庭气氛控制得特别好，他和邓颖超根据几十年的生活实践，总结出了一首“八互歌”，可作为准爸爸创造温馨家庭的借鉴：

一互敬，多协商。
二互爱，情意长。
三互信，莫乱想。
四互勉，共向上。
五互助，热心肠。
六互让，不逞强。
七互谅，心坦荡。
八互慰，暖心房。
合家欢，乐无疆。
八互歌，切莫怠。
努力做，认真想。
携手进，路宽广。

“八互歌”道出了怎样才能使夫妻和谐、家庭温馨，互敬互爱是共同创造温馨家庭的感情基础。

专家指导

家庭气氛好不好，其实最主要的还是看准爸爸是否有诚心，要抱着期待乐意的心态，如果抱着敷衍的态度，不情不愿，那么做任何事情也不会让孕妈妈感到体贴，反而无益于家庭氛围。

和孕妈妈一起看综艺节目，舒缓心情

综艺节目最大的好处是：轻松简单，具有娱人娱己的精神，总能让人在欢声笑语中忘却烦恼，对调节气氛和舒缓坏心情特别有好处，几乎能有效治愈各种不快，如果准爸爸能和孕妈妈一起看，那笑料会更充分。

所以，准爸爸不妨筛选几个在内容上合格(格调不要太低俗，场面不要太刺激）的节目，事先确定节目当期的主题，然后安排一些时间陪孕妈妈看一看。

专家指导

综艺节目吸引人有一个共同的特点，就是拥有幽默感十足的主持人。准爸爸不妨吸收这一点，平时多发挥自己的幽默感，生活也能成为一档气氛良好的综艺节目。

第4个月

你真实地感受着他的存在

本月胎教要点

进入本月之后，孕妈妈体内的环境已比较安定，胎宝宝逐渐长得大起来，肝、肾及其他消化腺已开始发挥作用，胎宝宝活动的幅度与力量越来越大，孕妈妈已经可以感觉到胎动。

这个时期的孕妈妈除需要像第3个月那样继续调节好饮食生活，做好"外象内感"的胎教外，还可增加一些新的胎教内容，如抚摸胎宝宝、训练胎宝宝的运动功能等。

* 注重饮食的调理

此时，胎宝宝进入了急速生长时期，因此需要充分的营养，要多摄取蛋白质、植物性脂肪、钙、维生素等营养物质。

* 多与胎宝宝沟通

这个时期，胎宝宝对声音已相当敏感，能分辨和听到各种不同的声音，并能进行"学习"，所以孕妈妈、准爸爸应每天不定时地和胎宝宝讲话，互相沟通，及时地给予胎宝宝听力训练。

这个阶段，还可适当地做抚摸胎教，训练胎宝宝的运动能力。

"妈妈，你一定常常在担心我现在怎么样了，所以你总是用手不停地在肚皮上摸来摸去。其实，只有我知道你还摸不到我的身体，虽然我长得特别快，但还是不够大，可我现在可壮实了，妈妈你可以放心。"

"我已经完全适应了新房子里的生活，而且我最近还和'房东'协商好了，它答应帮我慢慢扩大房子的体积，让我不至于觉得太拥挤。至于我的娱乐活动，也是很丰富的，我会做鬼脸、吮手指，还会打嗝儿呢。我还有个好朋友，它叫脐带，我很喜欢和它玩，没事时我喜欢动动新胳膊新腿。妈妈，你感觉到我的存在了吗？"

* 胎宝宝在发育

胎宝宝仍然在慢慢地成长中，头臀径长度大约8~12厘米，眉毛跟头发在此时期会大量生长，肌肉也开始发育，有时候手会紧握，并挥动手脚等。

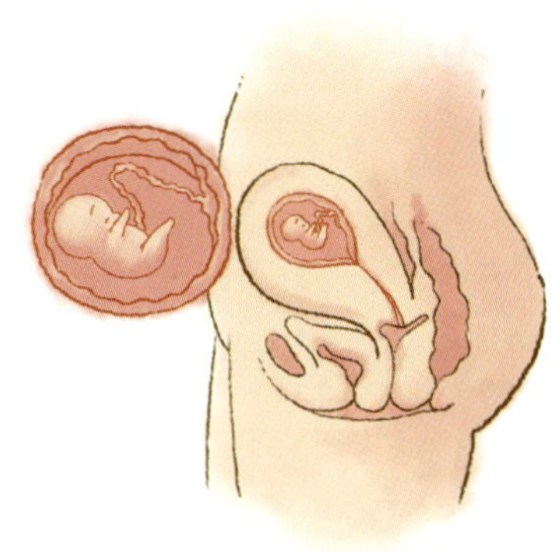

孕妈妈需要了解的

挑选一双合脚的防滑软底鞋

孕妈妈的双脚比较特殊，怀孕期间，一双合脚的鞋非常重要。

*根据季节和用途来确定鞋的式样

1 季节

夏天应选用有防滑底的鞋，以免雨天或遇到水渍时滑倒。

要注意：很流行的坡型泡沫底凉鞋不适宜孕妈妈，虽然它弹性好，也比较适合脚的形状，但它的鞋底很滑，容易摔跤。

冬天穿温暖舒适的布棉鞋最好，不仅弹性好，而且适合孕妈妈多变的脚形。

2 方便起居

日常起居时可穿薄布拖鞋，孕妈妈汗腺分泌旺盛，容易形成汗脚，布拖鞋可吸汗。

要注意：以往日常所穿的橡胶或塑料拖鞋不适宜孕妈妈，虽然方便、柔软、有弹性，但可能引发皮炎，尤其是过敏性体质的孕妈妈。

3 照顾站立过久或远行的需要

孕妈妈站立过久或行走较远时，建议穿柔韧易弯曲的软底布鞋、旅游鞋，这些鞋鞋底、鞋帮不硬，利于下肢血液循环，而且有一定弹性，可随脚的形状进行变化，穿着舒适，可减轻身体负担。

*合适的鞋子需要具备哪些要素

1 鞋子的尺码需依脚长而定，应选择略比脚大1厘米左右的鞋子，这样可以为脚的胀大留出空间。

2 选择圆头且肥度较宽、鞋面材质较软的鞋子。鞋底要选择耐磨度好且止滑性较佳的大底。

3 鞋型首先选择上开式，即系鞋带式或魔术黏贴带式较佳；其次可以选择有松紧带或可调整宽度的鞋类款式。

4 注意鞋跟高度，理想的鞋跟高度为1.5~3厘米。平跟的鞋子则会由于孕妈妈身体重心前移、体重增加等原因，给孕妈妈带来足底筋膜炎等足部不适的困扰。鞋跟太高的话，则会使身体站不稳，而且还会增加脚部的负担。

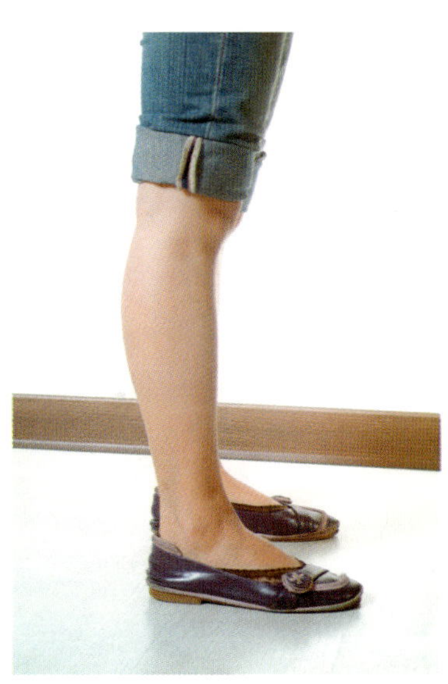

专家指导

如果穿鞋不适，或是新鞋子令孕妈妈产生异常症状，必须及时咨询医生，获得相关的诊疗意见。

改善孕期水肿中西医一起来

水肿是很多孕妈妈无法避免的问题！孕妈妈水肿多在怀孕中期开始出现，如果太早发生，或水肿范围过大，必须就医找出原因并积极治疗，再配合食疗、简单的柔软操和体位的调整，中西医联手出击，可让水肿得到有效缓解，让孕妈妈轻松度过怀孕期！

＊西医看孕期水肿的原因

大多数孕妈妈都会水肿，只是程度上有所差别。造成孕期水肿的因素包括：

1 因为肚子变大、静脉回流变差、血液循环不好所造成。

2 怀孕后激素变化、黄体素增加、肾上腺以及胎盘激素的改变，使得血液中蛋白减少，加上渗透压的关系，水分跑到血管外而造成积水，进而导致水肿。

3 饮食的改变，如盐分摄取过多、钠钾离子不平衡也会有影响。

＊中医看孕期水肿的原因

以中医角度而言，孕期水肿主要是因为水分代谢失常、水湿停滞所致。

人体的水分会通过脾、肺、肾、三焦、膀胱等几个脏腑。脾主要是运化水湿，我们吃进的食物除了固体还有水分，这些都会经过脾胃做运化；肺则扮演通调水道的功能，如同调节钮般；肾是元气推动力，像是蒸汽火车中的动能来源；而三焦就像是身体中的沟渠；膀胱则负责储尿，并适时将尿液排放出去。水液代谢必须经过这几个脏腑共同完成，任何脏腑功能失调都会造成代谢失常而形成水肿。

怀孕后，胎儿在孕妈妈体内会造成气机升降失常，使得水道无法流畅，而孕期孕妈妈要仰赖脾胃运化水谷以滋养胎儿，但是孕妈妈脾胃原本就比较虚弱，脾盛阳虚之下，会影响运化水湿的功能，加上肾阳不足也会影响水分的代谢，而造成水肿。我们看到的水肿现象是表证，其根本原因在于脾虚、肾阳虚或气滞。

＊怀孕中期之后最容易水肿

孕期水肿多发生在怀孕中期以后，大概怀孕五六个月开始，最早有在怀孕16周出现，不过概率较小。水肿会使手围、脚围增加，戒指、鞋子变紧而造成不舒服，脸部也可能发生水肿，严重时甚至会头痛、视力模糊。

若是生理性水肿，通常发生在膝盖以下，生产后自然会恢复。但是如果合并病态性水肿，包括出现妊娠高血压、糖尿病或孕妈妈原本就有肾脏病变、心血管疾病，就必须进一步治疗。

＊水肿+高血压+蛋白尿，小心子痫前症

病态性水肿比较有危险性，如果发现水肿位置越来越高，或已经是全身性水肿，且合并有高血压、蛋白尿，可能肾脏或心血管方面已经出问题。高血压、蛋白尿加上水肿，就符合“子痫前症”的条件，必须采取药物治疗，并且密切监测胎盘功能，以免影响胎儿发育，造成生长迟滞，甚至危及胎儿生命！

＊可以预防吗？

孕期水肿很难事先作预防，但部分研究曾指出，如果在第一胎有严重妊娠高血压，第二胎可在怀孕初期起使用预防性的低剂量阿司匹林（Aspirin）；或在怀孕20周以前就出现高血压，可能孕妇原本就有慢性高血压、肾脏病，可及早用药控制。

＊改善水肿，从生活及饮食做起

生理性水肿只要作好保养、多休息、睡觉时把脚抬高、平时穿着宽松衣服以免影响血液循环，并采取左侧睡姿以减少下肢静脉受压迫，都可以缓解水肿现象。

饮食部分主要应避免过多的盐分摄取，以及摄取适量含钾离子食物（如香蕉、豆类及蔬菜等），也可以喝些红豆水、冬瓜排骨汤等，都有助于行水利尿。

治疗水肿会让人联想到利尿剂，这类药物主要通过肾脏进行强力的排尿，但也会因此使孕妇血容量减少，无法充分供应胎儿，而影响胎儿发育，所以针对消除水肿的用药，必须经过医生审慎评估再决定。

中医对水肿的治疗原则以健脾渗湿、温肾扶阳为主，建议采取食疗，不仅能消除水肿，也不会影响胎儿发育，孕妈妈可依个别的生活习惯作选择，不过采用前最好还是询问中医医生的意见。

＊消水肿的3种茶饮

车前草茶

＊材料及做法：选择含根茎叶的全株车前草（中药店可买到），一天取用20~30克，以1500毫升热开水冲泡，分多次饮用。

＊功效：车前草味甘性寒，具利水消肿功能，并有止泻、清热、杀菌、明目、化痰等作用。

决明子茶

＊材料及做法：10~15克决明子以开水冲泡，一天泡3次当茶饮。

＊功效：决明子茶气味甘香，性凉，具清肝明目、利水通便功能，饮用约两三天后大便会变得稀软，可将水分带出体外；大便变软后，冲泡的量可减少为3~5克，等水肿消除就要停止饮用。

赤小豆汤

＊材料及做法：适量赤小豆，加水煮成赤小豆汤食用。

＊功效：赤小豆味道甘、酸，性平，可通利水道，具利尿、消肿、解毒功效。《食疗本草》中记载可加鲤鱼炖煮食用，同样有消除下肢水肿的效果。也有人将红豆、黑豆、绿豆一起煮，也会有同样效果。

以茶饮取代茶，适量饮用即可

然而有些孕妈妈会质疑："要让水分排出，为何要喝这么多茶饮，会不会有反效果？"其实控制水分摄取也是消除或预防水肿的重要方法，所以这些茶饮是要替代平时的水分摄取，而不是喝水、喝汤之外还要喝茶饮。而且也不建议煮一大锅大量饮用，只要口干、口渴时适量饮用即可。

茶饮温热喝较佳

此外，孕妇最好避免喝冰凉茶饮，每次饮用前应该先温热再喝；烹煮后要将车前草、决明子等药材取出，避免长时间浸泡；在冲泡第二次时，因为浓度降低，所以应该减少水的用量。

＊预防水肿的食疗

白菜银鱼汤

＊材料及做法：取适量白菜洗净，加银鱼（吻仔鱼）一起煮成汤食用。

＊功效：可健脾、通利小便，具清肺解毒之效，经常食用可达到预防水肿的目的。

冬瓜猪肉汤

＊材料及做法：冬瓜300克、瘦猪肉100克，将冬瓜洗净切块，猪肉切丝，一起炖煮再作适当调味。

＊功效：具补肾、利尿之效。冬瓜属水分多的蔬菜，有利尿作用；猪肉能入肾，具利水作用。

牛肉绿豆汤

*材料及做法：牛肉500克、绿豆100克、山楂6克，牛肉切块加绿豆、山楂一起炖煮成汤，调味后将山楂取出再食用。

*功效：牛肉有滋养作用，适合体弱者作调补之用；绿豆则有清热利尿之效。

* 正确体位及活动可消水肿

由于孕妈妈血液回流容易受阻，使下肢微血管压力增加，加上不当的体位，会加重水肿程度，应用以下几个正确的体位姿势及活动，可减轻水肿程度：

1 坐姿：椅子与膝平高，坐直，腰挺起(背可加小靠枕)。

2 站姿：站立时稍微往前倾，胸朝下，让自己放松。

3 躺卧：左侧卧时，左脚伸直，右脚在左脚后方稍微弯曲，可垫小的软枕头；右侧卧时，右脚伸直，左脚在右脚后方稍微弯曲，一样可垫小枕头。

4 家中放松姿势：膝着地、手掌撑地(像小时候玩骑马打仗的姿势)，不须撑直，在软垫上爬行。

5 孕妈妈应减少仰躺、半仰卧(躺下后膝盖弯曲，不利循环)、久站、久坐等姿势。

6 孕妈妈可依自己状况进行柔软操，活动全身筋骨，例如：左右转身；或做一些角度的摆臀、甩腿、提腿、蹲下，进行时不要勉强一定要很利落或达到什么速度或角度。

7 散步也是很好的减轻水肿的方式。

* 结语

孕期水肿的原因很多，包括妊娠高血压、贫血、营养不良等，都可能引起水肿，在选择改善的方式之前，最好先请医生诊断找出原因，先针对原发疾病作处置，尤其孕期太早出现水肿或水肿范围很广时，更要积极作进一步检查。

之后再配合食疗、茶饮或简单的动作加以辅助。采用前最好询问中医医生的意见，就可以有效缓解水肿，轻松地度过怀孕期。

坚持预防，阻拦妊娠纹造访

受子宫增大的影响，腹部皮肤弹性纤维被挤压甚至断裂，孕妈妈腹部可能出现粉红色或紫红色的不规则纵形裂纹，有的可延伸到胸部、大腿、背部及臀部等处。

妊娠纹并非每个孕妈妈都会有，严重程度也因人而异，孕妈妈可以坚持预防，主要的预防措施有：

* 饮食

摄取均衡营养，避免摄取过多的甜食及油炸物，改善皮肤的肤质，让皮肤保持弹性，可减少妊娠纹的发生。另外，适当吃些富含维生素E的食物（如卷心菜等），可延缓皮肤衰老。

* 按摩

按摩可以增加皮肤弹性，减轻妊娠纹。

孕妈妈可以从现在开始到产后3个月内，坚持进行腹部环形按摩，可以有效预防妊娠纹生成或淡化已形成的细纹。按摩时可以配合使用孕妇专用的按摩霜或按摩油，产后还可以配合使用精油按摩。

* 控制体重

避免脂肪过度堆积是减轻妊娠纹的有效方法，一般怀孕期间最好将体重增加控制在10~12千克之间。

孕妈妈可多进行锻炼，增加皮肤弹性的同时可以控制体重增长速度，其中游泳对于恢复皮肤弹性好处很大，还可以借助水的阻力进行皮肤按摩。

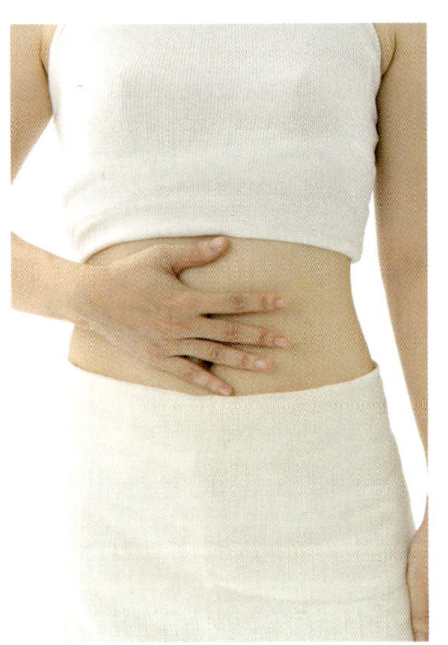

专家指导

如果孕妈妈觉得肚子过大、过重，身体和皮肤都感觉压力沉重时，可以考虑使用托腹带，分担腹部的负担，减缓皮肤过度的延展拉扯。

孕期牙齿好健康

俗话说："牙疼不是病，疼起来要人命。"孕妈妈在怀孕期间，由于体内的激素改变，加上饮食习惯以及是否有做好清洁等因素，都是导致孕期容易发生口腔问题的原因。孕妈妈的口腔是否健康深深地影响着腹中的胎儿和自己的健康，从了解问题的源头下手，培养正确洁齿观念和习惯，相信可以大幅减少口腔的问题。

牙齿的构造大致上可分为牙龈以上的牙冠部分以及牙龈以下的牙根部分。牙齿本身最外层为牙釉质，是人体最坚硬的组织；接着为牙本质，可将外界信息传递给牙髓腔；再来是牙髓腔，有着神经和血管，负责供应养分、具有修复作用。牙齿周围则有牙龈等组织。

造成牙齿发生问题的原因是多方面的，主要有下列四项因素：

1 宿主：人、口腔、牙齿、唾液。

2 食物：酸性食物、含糖分较多的食物、淀粉类食物等，细菌会把这些食物分解成细胞内或细胞外的多糖体，直接附着于牙齿表面，和口腔中的细菌形成牙菌斑，过了12~24小时又会再度分泌、不断再生。

3 时间：食物残渣堆积在牙齿表面上一段时间后，便会开始滋生细菌。

4 细菌：以食物残渣为营养来源不断繁殖，并同时产出酸性物质。

* 妊娠期牙龈炎

于怀孕后的第一阶段末期(3~4个月）容易产生，牙龈出现红、肿、易出血等症状，严重的孕妈妈会在牙龈部位增生肿块，变成化脓性的肉芽组织，会有溃疡、疼痛，甚至影响进食等现象，一般于产后这些症状会自行消退，不过若过于严重可能要考虑做手术切除。

＊孕期牙齿问题多

怀孕和钙质流失、掉牙并没有直接的关联性，虽然孕妈妈的身体会供应胎儿成长的养分，但并不会影响到孕妈妈牙齿中所必需的钙质成分。怀孕期间受到体内激素影响，加上孕妈妈怀孕初期易呕吐，口腔不太容易彻底做好清洁以及饮食习惯改变等问题，因而容易发生龋齿、牙周病等问题。

孕妈妈口腔问题因素：

1 激素改变：在怀孕期间，母体内黄体酮增加，导致口腔内细菌数目增加、抵抗力变弱，不理想的口腔环境易导致牙龈发炎、肿胀、充血，更严重的话会变成肉瘤、化脓性的肉芽组织。

2 口腔环境改变：怀孕初期容易出现呕吐症状，把胃酸带入口中，未将之清洁干净易腐蚀牙齿，加上孕妈妈在饮食习惯上易有偏好，导致口腔内的pH值变成酸性，不仅易蛀牙，还可能导致牙齿的脱钙现象。

3 未做好口腔清洁：由于怀孕期间口腔环境改变，对细菌的反应会变得更加敏感，若平时没有养成正确清洁方式、习惯，就容易出现蛀牙、牙周病、牙龈炎等问题，甚至会影响到胎儿的健康。

＊百病之源—牙周病

牙周病顾名思义是在牙齿周围产生的疾病，吃进的食物黏附在牙齿表面，过一段时间后，会和唾液中的成分作用而形成牙菌斑。牙菌斑主要形成在牙齿和牙龈的交接处，在口腔中残留长时间后会变成牙结石。牙菌斑中的细菌会引起牙龈发炎、肿胀，破坏牙周组织，最后会使牙齿功能受损。牙周病涵盖范围广泛，主要症状为牙龈炎、牙周炎。牙龈炎是指牙肉表面发炎现象(例如，牙龈红肿、疼痛等)，刷牙时容易流血；牙周炎的发炎程度较严重，已破坏到齿槽骨部分，甚至会导致牙齿松动、移位和脱落。牙周病就如同建筑物的地基被破坏，主体(牙齿)随时都有可能倒塌。

罹患牙周病的孕妈妈，引发早产或是胎儿过轻的情况，和口腔健康的孕妈妈相比较高出3~8倍，主要原因是因为病菌经由发炎的牙龈进入血液循环系统后，刺激免疫细胞生成抵抗牙周病菌的因子，除了会促进子宫收缩，还会引发全身上下出现疾病(例如，心脏病、糖尿病、中风等)。

孕期牙齿治疗

由于怀孕初期胎儿尚未稳定，后期治疗又担心会引发早产现象，因此孕妈妈治疗牙齿的最适当时机点是怀孕中期(约4~6个月)，胎儿稳定成长的时候。一般成人若蛀牙很严重时，要抽神经或施行更深层的处置，必须使用X光或用电子仪器测量牙齿的根管程度以评估治疗计划。但如果是孕妈妈在孕期内发现有蛀牙情形时，应尽量避免照X光，尤其在怀孕初期，胎儿细胞正在分裂中，尚处于不太稳定的状态，虽然检查牙齿使用的剂量不高，但还是会影响胎儿的成长发育。不过孕妈妈也不必过于担忧，若怀孕后才发现蛀牙或牙齿疼痛不适，依然可搭配其他诊断仪器进行治疗。

* 注意

孕期不能使用四环素治疗牙齿，这类药物会透过胎盘影响胎儿，造成"四环素牙"，牙齿被永久严重染色，呈暗淡的黄褐色，影响美观。虽然目前已经逐渐减少使用这类药物，不过孕妈妈看牙医时最好事先告知医生，避开孕期不能使用的药物。

* 孕期牙齿保健

孕妈妈的牙齿健康，才能摄取足够的营养供应给身体和胎儿。除了作好全面口腔健康检查，平时的多加注意和良好习惯也是相当重要的哦!

1 定时刷牙：一天刷牙次数最少两次(早起、睡前)。假如可以的话，每餐饭后马上刷牙最好。采用正确的刷牙法，牙龈和牙齿交接处特别要清洁干净。

2 牙刷：尽量选择圆头牙刷，握柄不要太大，以软毛为佳。

3 牙膏：使用含氟牙膏可减少牙齿脱钙现象。

4 使用牙线或牙间刷：养成使用牙线或牙间刷的习惯，可避免食物残留、牙菌斑生成。

5 清洁舌苔：有助于消除口腔内异味、恢复舌头味蕾的感觉。

6 慎选食材：少吃(喝）过甜及过酸的食物、饮料，以天然食材为佳。

7 定期检查：3个月至半年定期检查牙齿、洗牙及牙周评估。

小叮咛

孕妈妈的牙齿发生问题，会引起焦虑、不安等情绪，对孕妈妈和胎儿都会造成不良的影响。最好的做法是在怀孕之前，先去牙科作全盘口腔检查、牙周评估，将牙齿的问题降到最低。假如孕期才发现有牙齿问题，也要尽早就医治疗，以免时间拖越久越严重，细菌一直在口腔中造成恶性循环，对自己的身体和腹中胎儿都会带来重大伤害。

* 正确使用牙线步骤

1 使用一段和手臂等长的牙线(约40~50厘米)。

2 牙线的两端分别卷在两手的中指上，将手指间的牙线拉紧，距离保持在4~6厘米。

3 一手拇指和另一手食指一起将牙线拉紧，两指间牙线保持1厘米长。

4 一手在口内，一手在口外，沿着牙面以拉锯方式缓慢通过牙缝，直至牙龈沟的底部后，将牙线贴紧牙齿表面，朝向牙冠方向推出。如此反复做几次后，再以相同方式去清洁其他牙缝。

* 贝氏刷牙法步骤

1 手将牙刷柄呈水平握住。

2 将刷毛对准牙齿与牙龈交接的地方，呈45~60度角，将牙刷刷毛轻轻地压在牙齿上，让刷毛侧边也可接触到牙齿。

3 一次刷两颗牙，前后来回约刷十次。

4 刷上牙时刷毛朝上，刷毛从上往下带；刷下牙时刷毛朝下，刷毛从下往上带。

5 刷牙顺序：由上至下、由右至左、由外至内。

刷牙要有次序性，以避免遗漏，刷牙时从右边开始，就从右边结束，外侧、内侧和咬合面都要刷干净。刷牙时的力道也要注意，太用力刷牙会导致珐琅质变薄、牙齿变敏感，反而造成更多口腔问题。

小叮咛

若使用电动牙刷，也要按照正确的方式去刷牙，否则效果可能会比使用一般牙刷来得差。

* 结论

要保持口腔健康的重点是平时就养成良好的洁牙习惯，可大幅降低牙菌斑的生成，减少产生牙周病或蛀牙的现象。最好的方式是在怀孕之前就作好牙齿健康检查，如发现问题尽快作治疗，才不会在怀孕期间导致牙齿问题加重，造成严重的后果或是影响胎儿。

胎教在生活的点滴中

欣赏名画《西斯廷圣母像》

这幅画是拉斐尔(意大利文艺复兴时期杰出画家，1483年—1520年）的代表作，画面中圣母抱着圣子从云端降下，体态丰满优美，面部表情端庄安详，圣子的眼神中有孩童的懵懂清澈，却又不乏睿智，画面下方的小天使童稚可爱，画面背景全部用小天使的头像组成，构思新颖独到。

* 胎教点读

欣赏画作时，能让人感受到母爱的幸福与伟大，这一切将使你的心灵受到洗涤、净化和提升，画作中的美能通过孕妈妈的神经传递给胎宝宝，开发胎宝宝的艺术潜能，令大脑发育期的胎宝宝变得更聪敏。

怎样欣赏一幅名画

一幅名画能给人极大的精神享受，使人从中得到美的感受。一般来说，欣赏画作可以从以下几方面着手：

1 先了解画作的主题，比如画中画了些什么，背景是什么，画家是谁，画家的特点等，这些有助于加深对画作的了解，从中受到教育、启迪。

2 从正面及多角度欣赏画作，一般名画都具有精巧奇妙的构图，也许一眼看不出来，多看几次，就会发现有惊喜。

3 欣赏画作的色彩变化，色彩美是绘画美的直接因素，是感情的语言，色彩的冷暖、远近、轻重差别，会带来不同的情感意味。

4 欣赏画作的光暗变化，光暗与色彩搭配，巧妙调色，会产生感染力，给人带来美感。

专家指导

胎宝宝对图形及颜色往往会表现出浓厚的兴趣，孕妈妈不妨多看一些情感美好的世界名画，这些名画将引领宝宝感悟艺术的魅力，插上想象的翅膀。

信手涂鸦，孕妈妈学绘画

欣赏名画之余，孕妈妈也可拿起画笔来自己作画。孕妈妈绘画的时候，不要在意自己是否画得好，可以持笔临摹美术作品，也可随心所欲地涂抹，要全身心地投入，一旦沉浸在绘画的过程中，就会感到快乐和满足。在绘画时，孕妈妈可以跟宝宝说说画的是什么，怎么画的，这种互动可以带来更多的灵感。当然，如果能临摹一些儿童画，童趣和稚拙感能帮助孕妈妈步入儿童的世界。

专家指导

心理学家认为，绘画不仅能提高人的审美能力，产生美的感受，还能释放内心情感，调节心绪平衡，即使不会画画，孕妈妈在涂涂抹抹之中也会自得其乐。

美丽妙招，做个靓丽的孕妈妈

1 坚持用已经习惯的化妆品和护肤品，为防止皮肤过敏，最好不要再尝试使用新的化妆品和护肤品。

2 夏季要注意防紫外线，出门应戴遮阳帽或遮阳伞，为避免阳光对皮肤的直射，可选用专门为孕妇设计的防晒用品。

3 注意适当控制体重增长的速度，家里准备一个磅秤，多关注自己的体重增长情况，不要让体重增加过快。

4 保证充足的睡眠，良好的精神状态是美丽的法宝。

5 保持自己的装扮风格，轻盈的连衣裙抑或弹性良好的低腰裤均可，但不要穿尖细的高跟鞋，也不要配低胸衣、迷你裙，职场孕妈妈可以继续穿舒适的中跟鞋、简洁的职业套装。

6 自信一点，适当的时候秀出自己的线条来，不用日复一日地用宽松衣服来掩饰隆起的腹部。以后，孕妈妈的体形会有一种特有的雍容优雅，不妨自然地显现出来。

7 吃些富含维生素C的食物，如水果、蔬菜等，牛奶和奶制品也有助于保持靓丽。

专家指导

怀孕的女人本身就非常有魅力，只要孕妈妈尽量让自己心情快乐，避免不必要的伤害，做个漂亮孕妈妈并不难。

多微笑吧，胎宝宝能感受到

好情绪是胎宝宝健康发育的保证，孕妈妈每天都应开开心心，不要吝啬自己的微笑。

愉悦的情绪可促使大脑皮层兴奋，使孕妈妈血压、脉搏、呼吸、消化液的分泌均处于相对平稳、相互协调状态，有利于孕妈妈身心健康。同时，有利于改善胎盘供血量，促进胎宝宝健康发育。

微笑是孕妈妈的一种心理保健，在遇到心烦事的时候，控制各种过激情绪，提醒自己：腹中的胎宝宝虽然看不见孕妈妈的表情，却能感受到孕妈妈的喜怒哀乐。然后微笑地去面对，始终保持开朗、乐观的心情。

每天清晨，孕妈妈可以对着镜子，先给自己一个微笑，可以让你这一天都充满朝气与活力，将这种美好的情绪传达给胎宝宝。

朗诵诗歌《他会是什么模样》

他会是什么模样

我久久地凝视玫瑰的花瓣，欢愉地抚摸它们：我希望他的小脸蛋像花瓣一般娇艳。我在盘缠交错的黑莓丛中玩耍，因为我希望他的头发也长得这么乌黑卷曲。不过，假如他的皮肤像陶工喜欢的黏土那般黑红，假如他的头发像我的生活那般平直，我也不在乎。

我远眺山谷，雾气笼罩那里的时候，我把雾想象成女孩的侧影，一个十分可爱的女孩，因为也可能是女孩。

但是最要紧的是，我希望他看人的眼神跟那个人一样甜美，声音跟那个人对我说话一样微微颤抖，因为我希望在他身上寄托我对那个吻我的人的爱情。

文/加布里埃拉·密斯特拉尔

节选自《母亲的诗》)

* 胎教点读

为天使读一读这首母亲的诗吧，每一位接到天使到来信息的孕妈妈都是怀着一样的感情，想象他的面容、性别，也想象他的眼神、声音和性格。将对宝宝的爱化做朴实的期望绽放在唇间，把你的爱轻轻地传递给腹中的胎儿。

孕期怎样游泳胎教效果最好

怀孕期间身体状况良好的孕妈妈，在整个孕期都可以进行游泳运动，游泳对于孕妈妈来说是一项相当好的有氧运动。

1 可以让孕妈妈全身肌肉都参加活动，促进血液流通，让胎宝宝更好地发育。

2 能耗较大，孕妈妈可通过游泳来控制增长过快的体重。

3 水的浮力能够减轻身体负担，从而缓解或消除孕期常有的腰背痛症状，并促进骨盆内血液回流，消除淤血现象。有利于减少便秘、痔疮、四肢水肿和静脉曲张等问题的发生。

4 可以锻炼肺活量，让孕妈妈在分娩时能长时间地憋气用力，缩短产程。

5 经常游泳可以改善情绪，对胎宝宝的神经系统有很好的影响。

* 能让胎教效果更好的游泳建议

1 在游泳前最好征得医生的同意。

2 选择一个卫生条件好、人少、没有阳光直射的游泳池，最好有专职医务人员在场。

3 下水前先做一下热身运动，确认水温在30℃左右再下水。

4 下水时戴上泳镜，入水时千万不可纵身跳水。

5 游泳时动作要稳健缓和，最好选择仰泳，在水中漂浮、轻轻地打水都是不错的锻炼姿势，不要使用蛙泳的姿势。

6 与其他游泳的人保持一定距离，防止别人踢到腹部，伤到宝宝。

7 游泳时间以1小时以内为宜。

8 锻炼时段选择在上午10~12时进行比较好，通常在这个时间内不易发生子宫收缩。

9 孕中期是最适宜游泳的阶段。

专家指导

游泳之后如果感到腹部疼痛，发现出血现象，要立即咨询医生，凡有流产史、早产史、慢性高血压、心脏病、癫痫，或妊娠期发生一系列并发症(如妊娠高血压综合征、前置胎盘等）的孕妈妈都不宜游泳。

自制新生宝宝礼物——小揪帽

孕期手部的精细动作能让孕妈妈心情平静，还可以促进宝宝的大脑发育，是很好的胎教过程。下面给孕妈妈介绍一个制作小婴儿帽的方法，有了帽子就能保护宝宝的头部了，相信这份礼物一定能让宝宝喜欢。

* 需要准备的材料

2片柔软、稍有弹性的针织布，尺寸为38厘米×21厘米，适合0~3个月的宝宝。

* 制作步骤

❶ 将2片布料按图中所示裁剪。

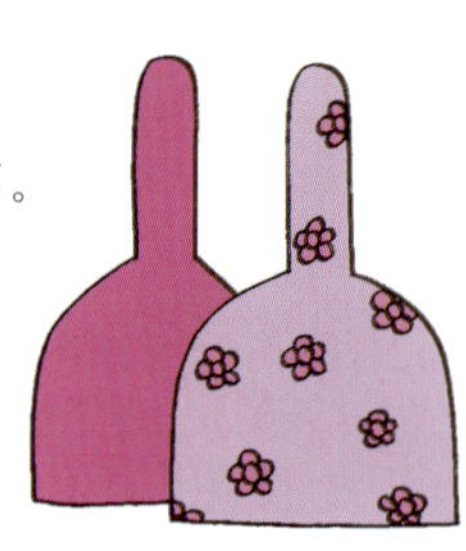

② 取一片布料，正面朝上，下端向上翻折1厘米，然后再向上翻折3厘米，在距翻折边的上缘0.2厘米处从一端缝合至另一端，另一片布料按同样方法缝制。

③ 将两片处理好的布料正面相对，并用珠针固定，在距离边缘0.4厘米处缝合帽子外延一周。

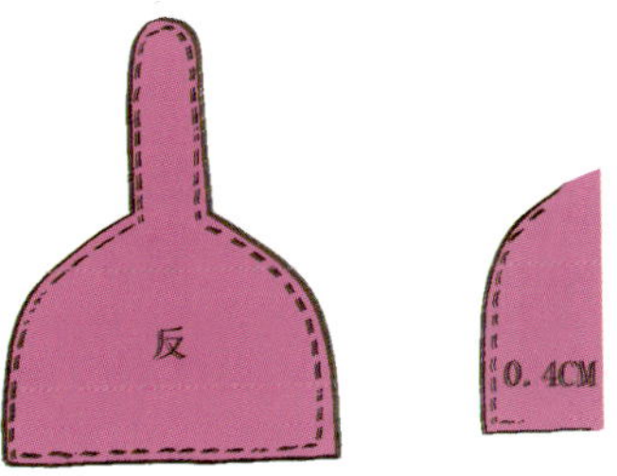

④ 将帽子的正面翻折出来，再揪个小揪，帽子就完工了。

准爸爸做胎教

陪孕妈妈参加孕期知识培训

准爸爸要升级为好爸爸，相应的知识储备是不可缺少的，所以准爸爸应多学习一些孕产育儿的知识，多提升自己。

在孕妈妈接受产检的医院，一般都会定期举行孕期知识培训课程，以及一些产前宣传教育，这些课程基本涵盖了所有妊娠问题，包括孕妈妈营养保健、孕期心理健康、骨盆操、分娩止痛选择、胎宝宝发育、母乳喂养、新生儿护理、产后保健、防止产后忧郁等。

孕期知识培训通常安排在周末，白天、晚上都会举行，而且大部分都鼓励准爸爸参加。为方便孕妈妈，每堂课1~2小时不等，准爸爸不妨每次都抽时间陪孕妈妈参加。现在很多医院都会手把手地教准爸爸练习各种手法和技巧，这是非常好的学习机会。

专家指导

准爸爸也可多与孕妈妈一起读相关的胎教育儿书籍和杂志，这样做不但能学到必要的知识，而且能帮助孕妈妈调节情绪。

学作家庭监护，为胎宝宝健康保驾护航

怀孕期间，除了定期产检，以确保孕妈妈与胎宝宝正常外，还需要经常性地在家中进行自我监护，以便及早发现胎宝宝生长发育的异常情况，及时采取应对措施。孕中期后，孕妈妈行动不便，准爸爸应学会作家庭监护：

* 数胎动

胎动是胎宝宝发育存活的标志之一，准爸爸帮助孕妈妈数胎动，是监护胎宝宝发育和健康状况的手段之一，也是家庭生活中的母—子—父之间的关系开始逐渐形成的表现。

数胎动的方法

准爸爸将两手掌放在孕妈妈的腹壁上，可感觉到胎宝宝有伸手、蹬腿样活动。

从发现有胎动开始，最好每天早晨、午后、晚上各数一次，每次数1小时，然后将3小时的胎动次数相加乘以4，即可代表12小时的胎动次数。

胎动规律

胎动一般开始于怀孕4个月，在16~24周时会比较明显，一天有两个高峰，一个在下午19~21时，另一个是在午夜23时至凌晨1时，早晨最低。一般正常胎动持续在12小时20~30次。

注意：若每天不能数3次，则至少每天数1次，即于晚上20时以后数1小时，1小时内胎动明显少于2次，可继续重复数1小时，若还是少于2次，或根本没有胎动，必须立即去医院检查。

* 听胎心

听胎心音也是观察胎宝宝发育情况的重要手段之一。

听胎心的方法

孕妈妈两腿伸直，准爸爸直接用耳朵或者

听筒放在腹壁(脐部上、下、左、右四个部位)上听，时间为每天一次，每次1分钟。

胎心规律

一般正常胎心率为每分钟120~160次，过快、过慢或不规律均属异常现象，证明胎宝宝在子宫内有问题，需到医院诊查。

* 量宫底

子宫底的高度指的是从耻骨联合上缘到宫底的高度。测量子宫底的高度，主要是用来测定和推算胎宝宝发育和成长的情况。

量宫底的方法

孕妈妈排尿后，使其仰卧，两腿屈曲，准爸爸用卷尺测量耻骨联合(阴毛覆盖下的那块骨头) 上缘至子宫底的距离。自怀孕20周开始，每周测1次。最好在医生指导、培训后再做。

宫底高度规律

随着孕期增加，子宫底的高度逐渐上升，怀孕第16周时居耻骨和肚脐中央，20~22周达到腹部；28周位于肚脐与胸骨下端剑突中央；32~34周达到剑突下1~2横指，36周时胎头入盆宫底上升速度减慢，或略有下降。

一般自20周起，宫底每周增加1厘米，若过分超过和明显落后于相应水平，应咨询医生。

* 称体重

孕妈妈的体重随着胎宝宝的生长发育而增长，体重的增长应当是逐渐的，一般规律如下：

孕周	体重增长值
1~12周	2~3千克
13~28周	4~5千克
29~40周	5~5.5千克

怀孕中期以后，每周体重增加约450克。

如体重增加过少，可能是营养不足、贫血，或胎宝宝发育迟缓。

如果体重增加过多，要注意是否是身体水肿、羊水过多等情况。不正常的体重情况，预示着母体病变或胎宝宝发育异常，应及时咨询医生。

第5个月

恍若蝶翅轻划而过的胎动

本月胎教要点

胎宝宝在5个月时，胎动更加活跃，心跳也更加有力，感知功能明显提高，对外界传入刺激信号的接受能力大大提高，已经是个能听、能看、会玩、有感觉的小生命了，孕妈妈要多用心与其交流。

在怀孕第5个月，孕妈妈的胎教重点是：

* 加强声音和语言的刺激

这个月的胎教，最好是每天听音乐，因为胎宝宝的听觉能力逐渐开启。此外，多放音乐可使胎宝宝感到安心，脑发育能得到更多的良性刺激。

还可以给胎宝宝讲故事、朗诵诗歌，看看胎宝宝在腹中有无反应，没有反应也无妨，目的是要刺激胎宝宝对声音和语言的感应。

* 多让胎宝宝做运动

从第5个月起，胎宝宝触觉功能逐渐发育起来，可开始用触摸胎宝宝的方法进行胎教，抚摸时要配合语言或音乐刺激，可获得更佳的胎教效果。

开展抚摸胎教的理想时间是每天傍晚，这个时候胎动最为频繁与活跃，对有早期宫缩的孕妈妈，不可用触摸动作。

“妈妈，这是一个重要的月份，现在我能用各种方式告诉你，我是一个健康的宝宝。”

“妈妈你听，我的心脏跳动得强而有力，爸爸不用依靠听诊器也能听到了，不过我最高兴的并不是这个。说实话，我老早就习惯心脏发出的这些声音了。我兴奋的是，‘房东’不仅给我免费扩大房间面积，而且允许我在里面自由运动。”

“现在，我经常指挥胳膊和腿进行搏击比赛，指挥累了我就懒洋洋地翻滚几圈。妈妈你知道吗，这些运动给我带来了很多乐趣。我知道，妈妈也想和我分享快乐的时光，所以，我也喜欢用手轻轻地推房间的墙壁，妈妈，你一定感觉到我的动作了吧？”

* 胎宝宝在发育

此时小宝宝头臀径约14~16厘米的大小，重量大概200~300克，感觉器官开始发育，所以宝宝可以听到肚子外发出的声音，也能辨别甜味、苦味。

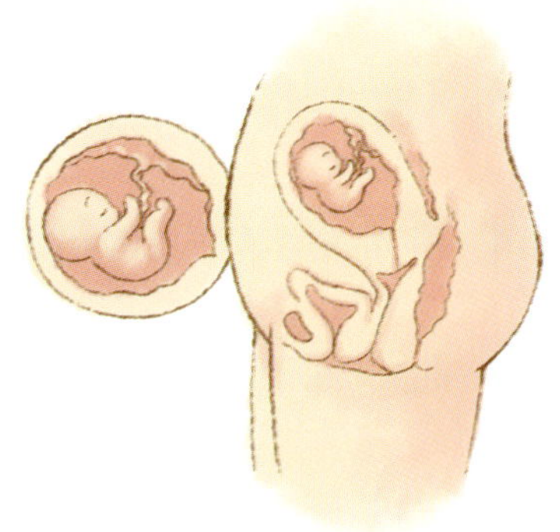

孕妈妈需要了解的

正确护理宝宝的"粮仓"

孕中期乳房护理很重要，此时如果护理不当，可影响产后哺乳，比如乳头内陷、乳腺管不畅通、乳头皲裂等。

* 孕期护理乳房需要了解的

1 怀孕后，乳房逐渐变大，此时不要穿过紧的上衣，以免由于压迫乳房而妨碍其发育。应配戴合适的乳罩，防止乳房下垂。

2 孕妈妈的皮脂腺分泌旺盛，乳头上常有孕积垢和痂皮，强行清除可能会伤及表皮，应先用植物油(麻油、花生油或豆油)涂敷，使之变软再清除。

3 妊娠4~5个月后，孕妈妈应每日用毛巾蘸温水擦洗奶头数次，以增加其弹力，并可使表皮增厚，从而耐受婴儿吸吮，减少产后乳头皲裂的发生。

4 不要用香皂清洁乳房，香皂很容易洗去皮肤表面的角质层，时间久了会对皮肤表面的保护层造成损害，使乳房表皮肿胀，使得皮肤不再细腻有质感。

* 正确的乳房按摩法

洗浴后正确按摩乳房可促进血液循环，方法是：

1 清洗乳晕和乳头后，用热毛巾敷盖乳房并用手轻轻地按住。

2 将乳房擦净后撒一些爽身粉，并用涂有爽身粉的手指从乳房四周由内向外轻轻地按摩。

3 用手指腹在乳房周围以画圈方式轻轻地按摩。

4 轻轻地按住乳房并从四周向乳头方向轻轻地按摩；拇指和示指压住乳晕边缘，再用两指轻轻地挤压。

以上按摩可以在每天沐浴或睡觉前进行2~3分钟，按摩动作尽量轻柔，不可过度，如果有下腹部疼痛，应该立刻停止。

* 如何护理乳头

孕期进行乳头护理可加强乳头的承受能力，使乳头在分娩后不容易被宝宝吮破，护理方法是：

1 从怀孕第5个月起，经常用温水擦洗乳头，清除附在上面的乳痂，涂油脂。

2 洗澡后，先涂油脂，然后用拇指和示指轻轻地抚摩乳头及其周围皮肤。

3 不要强行去除乳头上硬痂样的东西。可在入睡前覆盖一块长约10厘米、涂满油脂的四方纱布，第二天早晨起床后再擦掉硬痂。

4 经常用干燥柔软的小毛巾轻轻地擦拭乳头皮肤，增加乳头表皮的坚韧性，避免以后哺乳破损。

专家指导

由于雌激素作用于乳腺，孕妈妈可能出现乳房瘙痒的症状，这时不要搔挠，以免伤害乳房，这种症状在分娩后会慢慢地消失，一般不用采取特殊处理。

如何纠正乳头内陷

正常的乳头为圆柱形，突出于乳房平面，呈一结状，如果孕妈妈乳头内陷明显，可致产后哺乳发生困难，乳汁淤积，甚至继发感染而发生乳腺炎。乳头内陷的孕妈妈应该从怀孕5~6个月时开始设法纠正。

* 纠正乳头内陷的方法

1 用一手托住乳房，另一手的拇指和中、食指抓住乳头向外牵拉，每日2次，每次重复10~20次。

2 用一个5毫升空注射器的外管扣在乳头上，用一橡皮客连接另一个5毫升注射器，利用负压抽吸方法也有助于乳头外突。

3 将两拇指相对地放在乳头左右两侧，缓缓地下压并由乳头向两侧拉开，牵拉乳晕皮肤及皮下组织，使乳头向外突出，重复多次。随后将两拇指分别在乳头上下侧，由乳头向上下纵形拉开。每日2次，每次5分钟。

牵拉乳头可能会引起子宫收缩，因此动作一定要轻柔，时间尽量短，如果子宫出现频繁收缩，应立即停止。

注意：有习惯性流产、早产史的孕妈妈不适合在孕期作乳头纠正，只能在产后处理。

专家指导

此期，乳房内可能开始生成乳汁，所以乳头会分泌少量白色乳汁，这时孕妈妈可在胸罩内垫个棉垫，以免将衣服弄湿，造成尴尬。

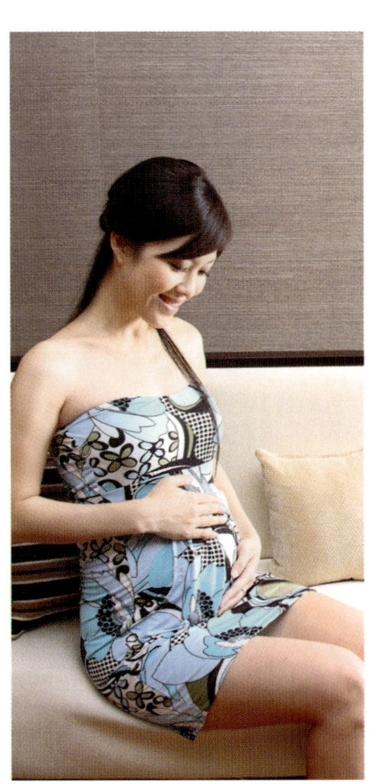

常常腿抽筋，怎样应对

怀孕中期以后，孕妈妈常有腿部抽筋、疼痛的现象，而且多在晚上或睡觉期间频繁发作。

* 腿抽筋的原因

1 孕妈妈体重逐渐增加，双腿负担加重，腿部的肌肉经常处于疲劳状态，所以容易抽筋。

2 在孕中、晚期，孕妈妈每天钙的需要量增为1200毫克，如果摄取钙不足，肌肉的兴奋性增强，容易发生肌肉痉挛。而孕妈妈腿部肌肉的负担大于其他部位，更容易发生抽筋。

* 怎样应对和防止腿抽筋

孕妈妈可以从以下几个方面做起：

1 多吃含钙质食物，如牛奶、孕妇奶粉、鱼骨等，五谷、果蔬、奶类、肉类食物都要吃，并合理搭配。

2 适当进行户外活动，接受日光照射。

3 不要使腿部的肌肉过度疲劳，不要穿高跟鞋。

4 睡前可对腿和脚进行按摩。

5 必要时可在医生的指导下加服钙剂和维生素D。

6 一旦发生抽筋，立即站在地面上蹬直患肢；或是坐着，将患肢蹬在墙上，蹬直；或请身边亲友将患肢拉直。总之，使小腿蹬直、肌肉绷紧，再局部按摩小腿肌肉，即可缓解疼痛甚至使疼痛立即消失。

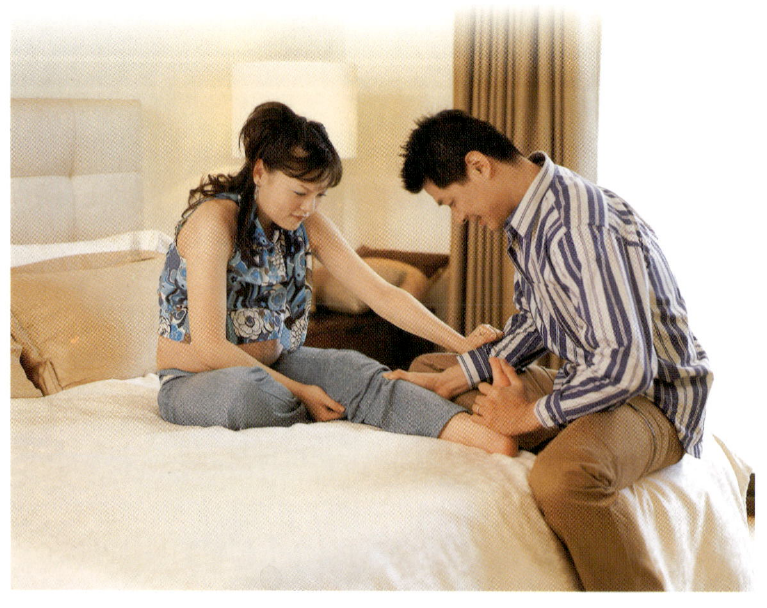

专家指导

虽然缺钙是孕妈妈腿抽筋的原因之一，但绝不能以小腿是否抽筋作为需要补钙的指标。因为每个人对缺钙的耐受值有所差异，有的孕妈妈在钙缺乏时，并没有小腿抽筋的症状。

孕中期是带胎宝宝出游的好时机

怀孕中期约16~28周最适合出游。这个时段，孕妈妈已适应怀孕生理变化，身体状态最佳，不适症状最少，而且发生流产或早产的机会最小，即使长途旅行也不会有太大问题。如果需要旅游，最好安排在孕中期。

* 出游前需要了解的

1 制订合理的旅行计划。在行程安排上一定要留出足够的休息时间。若行程难以计划和安排，有许多不确定的因素，最好还是不去为好。

2 途中要有人全程陪同。最好是由准爸爸、家人或好友等熟悉的人陪伴前往。

3 随身携带药品。胃肠药、治疗外伤的药水药膏、创可贴、花露水等，使用前要先看药品说明书上有无孕妈妈慎用的字样。

4 运动量不要太大或太刺激。例如，不要玩过山车、自由落体、高空弹跳等。

5 旅途中随时注意身体状况。若有任何身体不适，如下体出血、腹痛、腹胀等，应立即就医，不要轻视身体上的任何症状而继续旅行，以避免错过最佳诊治时机。

6 一般来说，出游季节以气候温和凉爽的春季及秋季为好，地点以平坦的平原、交通方便的地方为主，不要进行走马观花似的旅游，省去舟车劳顿之苦。

7 旅游前最好先咨询医生，以确定自己的身体状况是否适合旅游。

* 旅途中衣食住行需要注意的

衣：衣着以穿脱方便的保暖衣物为主，也可戴上帽子、围巾等，以预防感冒；若所去地区天气炎热，帽子、防晒油不可少；多带一些纸内裤，以便应急用。

食：避免吃生冷、不干净的食物，以免造成消化不良、腹泻等突发状况；奶制品、海鲜等食物容易变质，若不能确定是否新鲜，最好不要吃。

住：避免前往海岛或交通不便的地方；蚊蝇多、卫生差的地区不可前往。

行：坐车、搭飞机一定要系好安全带，而且要在落座前找好洗手间的位置；不要搭坐摩托车或快艇；登山、走路要注意不要太费体力，一切宜量力而为。

胖孕妇生产风险高

怀孕了，有些孕妈妈仿佛得到一块免死金牌，以往因为怕胖总是需要节食，怀孕时就有了吃的理由，真是开心！但小心，体重会像吹气球般直线上升哦！孕妈妈过胖会增加生产的风险，这点孕妈妈不可不知！

＊孕期胖太多，对孕妈妈跟胎儿都不好

享受美食是一件让人又爱又恨的幸福事情！在品尝着美味料理所带来的幸福感时，也往往让人为吃下肚的热量感到深深的罪恶感。而爱美的女性也总是运用各种方法，锱铢必较地计算每一口吃进去的热量，希望在享用轻松而无负担的美食飨宴之余，仍然能维持自己的窈窕身材。

而当肚子里有了个小生命报到时，孕妈妈就仿佛得到了一块免死金牌。不管是自己想吃也好、家人逼着进补也罢，抱着“一人吃，两人补”的念头，在怀孕期间一不小心就放纵饮食，让体重也像吹气球般直线上升。

可是，大快朵颐真的就对孕妈妈和腹中小宝贝比较好吗？

一般大家总觉得胎儿长得大、长得快就是健康的迹象。却忽略了其实孕妈妈的体重过重或怀孕期间的体重上升过多，对于孕妈妈本身跟肚子里的小宝贝都是有害的。

孕期增重多少才适当

在了解什么样的状况是体重过重之前，让我们先谈谈每个孕期体重增加的理想范围。一般来说，怀孕初期因为害喜呕吐的关系，体重的增加往往不大，甚至有些孕妈妈因为食欲缺乏，可能还会有体重下降的现象。进入怀孕中期以后，因为症状的缓解，食欲也慢慢恢复；这个时候体重增加的幅度建议以每周0.4千克为宜。所以整个怀孕期间体重的增加最好是介于9~12千克之间。

假使孕妈妈在怀孕前的体重较重，孕期中的体重增加就建议采取较低的标准；若是孕前体重较瘦，怀孕后体重增加的幅度可以较大。

＊孕期应摄取的热量及营养

那么怀孕期间到底要怎么吃才能放心呢？其实每人每日的理想热量需求并不相同，因为除了基础代谢率之外，还与个人的性别、年龄、身

高、体重与生活形态有关。一般而言，19~30岁女性每日理想热量需达1600~2300大卡；31~51岁女性每日理想热量需达1550~2300大卡才算足量。怀孕初期建议维持怀孕前摄取量即可，怀孕中后期可以每日增加300大卡的热量，也就是约一碗饭的分量为限。

另外也可以适度补充叶酸、铁质、维生素C以及钙质，以提供胎儿生长所需的均衡营养，并降低母体贫血及胎儿神经管缺损的发生概率。而怀孕期间适度的运动也有助减低罹患妊娠高血压及妊娠糖尿病的风险，并可以降低孕妈妈接受剖宫生产的概率。

* 孕妈妈不要擅自节食，可请营养师帮忙

但是，如果孕前体重就已达肥胖的孕妇，则建议孕期每天的热量宜控制在1800~2000大卡之间，碳水化合物的摄取量宜控制在150~180克之间。若要保持适当的体重增加，建议以适度运动并搭配均衡饮食进行，千万不要进行激烈的运动或节食计划，以免影响母体及胎儿的健康。

然而，每位孕妈妈的状况

不尽相同，要如何适当套用原则，需要通过专业的饮食咨询，让营养师针对每个人的状况评估，包括每日应摄取热量、基础代谢率、饮食习惯等，以提出适合个人的饮食建议。目前会转介营养师进行营养咨询的个案，多局限于妊娠糖尿病或体重控制不佳的孕妈妈。其实只要孕妈妈想让自己吃得更健康，不妨主动向您的产检医生提出希望接受营养咨询的要求，以拟订出属于个人化的饮食建议，打造孕期中的饮食健康。

因此，对于想要怀孕的孕妈妈们，一般建议在孕前就要开始控制体重，目标是将体重控制在BMI小于25；如果BMI大于30，就是孕期肥胖的高危险群。BMI=体重(千克)÷身高(米)^{2}

* 胖孕妈妈生产风险增高

体重过重的孕妈妈，在怀孕的过程中要特别小心心脏疾病、血栓疾病、肺部疾病、妊娠高血压、妊娠糖尿病，以及睡眠呼吸中止症的发生。在一般常规的产前检查中，也要格外注意血压、血糖、尿蛋白及妊娠糖尿病的筛检结果。

胎儿太大不好生

此外，胎宝宝也可能因为孕妈妈的体重过重，而增加胎死腹中或先天性异常的风险。若是胎儿本身的体重也过重，则会让生产时肩难产及产程迟滞的风险大幅增加；也往往使得孕妈妈的剖宫生产概率随之增加。所以在产前检查时要特别详加评估体重的变化。

麻醉的难度及风险提高了

另外，肥胖虽然不是半身麻醉的禁忌证，但是却会提高施术时的难度及风险。体重过重的孕妈妈宜提前跟麻醉科医生咨询有关生产时半身麻醉及止痛的可行性。如果可能的话，

可考虑在真正进入产程时先放好硬脑膜下止痛导管，以降低将来如果需要紧急局部或全身麻醉时的风险。如果孕妇真的接受剖宫生产，也应该积极地止痛，让孕妈妈能够尽早下床并进行深呼吸及咳痰的动作，以避免血栓及肺炎发生的机会。

* 产后慢性病风险也增加了

肥胖所带来的问题也会在生产后持续困扰着妈妈。一般而言，在怀孕期间所增加的体重越多，产后减重就越困难。而妊娠高血压及妊娠糖尿病的患者在生产完后，变成慢性高血压及糖尿病的风险比一般孕妇高出许多。根据统计，曾罹患妊娠糖尿病的妇女，日后会出现慢性糖尿病的概率高达七成！

如果整个孕期的体重增加过多，在生产后就必须好好地进行减重计划。首先，在坐月子期间应避免大鱼大肉，而以清淡均衡的饮食为主，并搭配适当的瘦身运动来进行减重。而在中药调理方面，也只需使用强调恢复元气及清血化淤的中药方，不需要额外的进补，以免造成身体的负担。最后，母乳哺育不仅有助于新生儿发育，也增加每日600~800大卡的热量消耗，对于产后瘦身有一定的加分效果。

* 结语

孕育新生命是每个女人一生中难得的体验，而肥胖也成为现代孕妈妈的重要课题。如何兼顾母体及胎儿的健康是考验孕妈妈们的第一课，只要饮食均衡、不暴饮暴食、并搭配适当运动，相信能让生产更顺利！

预防妊娠高血压综合征

妊娠高血压综合征，是指怀孕5个月后出现高血压、水肿、蛋白尿、体重增加过快等一系列综合症状，它会影响胎盘功能，使胎宝宝发育迟缓，甚至窒息，因此一定要作好预防工作。

* 定期产检

孕妈妈不应错过产检，多关注血压、尿蛋白和体重，因为妊娠高血压加上尿蛋白，可能意味着一种比较严重的孕期疾病，就是先兆子痫，应及早发现、及早治疗，把影响降到最低。

* 控制体重增长速度与幅度

每周体重增长过快是妊娠高血压综合征的危险因素，整个孕期的体重增长应控制在10~12千克之间，尤其是孕晚期，每周增重0.5千克为宜。

* 控制盐分摄入

食盐控制量每日应在5克以内，避免所有含盐量高的食品，如浓肉汁、调味汁、腌渍品、熏干制品、罐头制品、油炸食品、肉类熟食等。酱油也不能摄入过多，6毫升酱油约等于1克盐的量。

* 补充维生素C和维生素E

这样能够抑制血中脂质过氧化作用，降低妊娠高血压综合征的反应。因此，妊娠高血压综合征孕妈妈应多吃蔬菜、水果、坚果等健康食品。

* 及时纠正异常情况

如发现贫血，要及时补充铁质；若发现下肢水肿，要增加卧床时间，把脚抬高休息；血压偏高时要按时服药。症状严重时要考虑终止妊娠。

* 注意既往史

曾患有肾炎、高血压等疾病以及上次怀孕有过妊娠高血压综合征的孕妈妈要在医生指导下进行重点监护。

专家指导

妊娠高血压综合征发病原因尚不清楚，因此难以完全避免。如果出现妊娠高血压症状，一定要尽可能多休息，不要为工作或生活所累，听从医生的指导，一般病情都能得到控制并好转。

美妙而甜蜜的神奇胎动

有人说胎动就像肚子里有蝴蝶飞过、像小球在肚子里滚动，虽然感受不尽相同，但是心中那份喜悦与感动对所有孕妈妈来说都是无法言喻的甜蜜。而胎动记录，也提供给孕妈妈一个和宝宝互动的管道，不妨现在就拿起纸笔，记录你与宝宝的感动时刻吧！

* 认识胎动

简单来说，胎动就是胎宝宝在孕妈妈肚子里活动所产生的振动，而这些动作包含了翻滚、伸直手臂和胎儿呼吸等情形。通常怀孕到第5个月左右，孕妈妈们就可以感受到胎宝宝的活动，不过，第一次感受胎动的时间，会依照每个人不同的情况而定，怀第一胎的孕妈妈大约在18~20周时可以感受到胎动，如果已经是第二胎，因为比较有经验了，感受胎动的周数差不多在16~18周。

有些人也会好奇地想知道，孕妈妈们可以感受到胎宝宝在肚子里的动作吗？其实孕妈妈们是分辨不出胎儿到底在翻滚还是爬行的，主要是以超声波来观看，大约10周左右就可以看得到宝宝在子宫内活动的状况，不过那时候子宫壁太厚，孕妈妈还感觉不到。怀孕28周时羊水比较多，这时候测胎动，宝宝动作都会比较明显，主要是看羊水跟胎儿的比例，有时候孕妈妈会感觉肚子有咕噜的声音，就是胎儿翻动而产生的羊水声音。

此外，每位孕妈妈感受到胎动的时机点也不太相同，因为早上上班忙碌的关系，孕妈妈比较感觉不到宝宝的活动，通常要等到晚上休息，身心比较不紧张的时候才能明显感受到胎动，所以很多人都会以为胎宝宝是不是只有晚上才会动，事实上胎宝宝是随时都在动的哦！

* 胎动测试帮助孕妈妈掌握胎宝宝

由于胎动可以说是胎宝宝健康的象征，许

多孕妈妈会借由记录胎动来了解宝宝的状况，宝宝在子宫内活动的次数，一天下来大约要有150~200下才算正常，不过，一般人不可能将宝宝的活动记录得这么精准，所以如果孕妈妈想要测试胎动，可以先喝一些甜的饮品，让血糖升高，接着轻轻地摇动肚子，稍为刺激一下宝宝，再舒服地平躺进行记录，如果半小时内宝宝有动到2~3次，就算是正常。如果一段时间过后一直都没感觉到宝宝在活动，孕妈妈们就需要到医院求助医生，医疗人员会以胎儿监视器来诊断宝宝的情形。

为了方便孕妈妈每天记录宝宝的活动，有些医院会提供胎动记录表，让孕妈妈可以在家中自行记录。而胎动记录表在每次产检时，孕妈妈可以带给医生参考，借由胎动医生可以间接了解胎儿的情形，如果胎动减少，孕妈妈也确实有依照正常的程序记录胎动，此时医生可以借由这些数据评断，是否需要进一步检查。

* 胎动好像有异常怎么办

当孕妈妈在测量胎动时，有时候会因为宝宝动得不多或是次数明显减少，担心是否有异常状况发生，通常胎动并不是医生主要评断宝宝是否异常的依据，一般还是会以孕妈妈们是不是有产生落红、出血等情况来判断，或是借由抽血和超声波的方式来检查宝宝的状况。不过，由于胎动是宝宝让孕妈妈能掌握自己情况的信号，所以孕妈妈可以留意几项导致异常胎动的原因，第一，当孕妈妈因为生病发热时，子宫的血流量会减少,胎宝宝也会显得较安静，此时孕妈妈只要尽快到医院就诊即可。第二，当胎宝宝发生脐带绕颈或打结的情形，胎宝宝会产生急促的胎动，经过一段时间后又突然停止,一旦有这种情况出现,孕妈妈就要立即就诊，以免耽误时间，其他还有包括胎盘早期剥离、胎宝宝先天异常等原因都会造成异常的胎动。

另外，许多人一听到“脐带绕颈”就会很忧虑，其实大约50％~60％的宝宝都会有脐带绕颈的问题，但绕颈窒息的情形并不常见，假如孕妈妈因为担心导致睡不好、吃不下，提供给宝宝的营养下降，反而会导致宝宝健康产生危机。

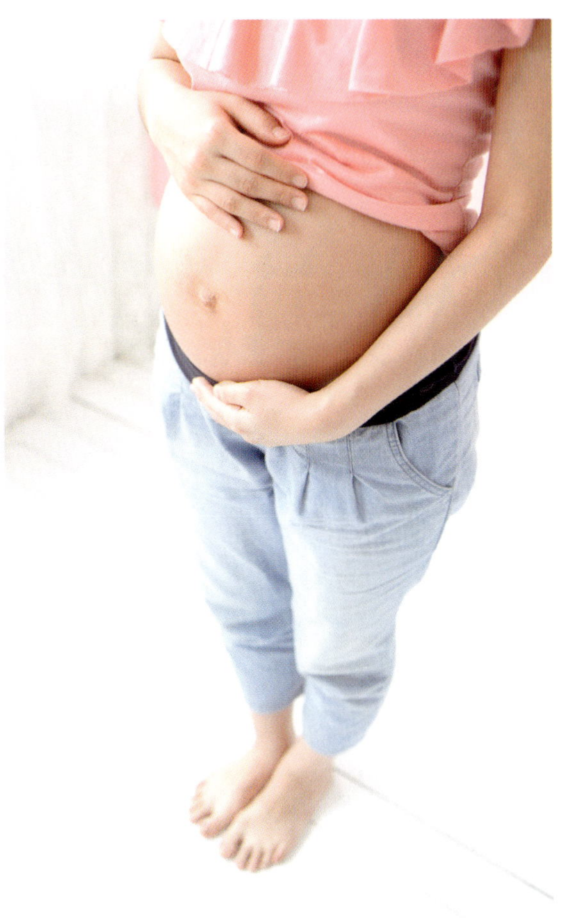

胎教在生活的点滴中

试一试家庭插花

插花是一门艺术，随手一插也可能饱含意境，重在插花人亲自动手来做，发挥自己的创意，这也是一种很有益的胎教，下面我们给孕妈妈提供一种菊花的插法：

＊需要准备的材料

废弃纸筒1个(茶叶筒、饼干筒等均可)，试管数支(可用窄玻璃杯代替)，小菊花数枝，龟背叶两片(可用栀子花叶代替)。

＊插花步骤

1 将装好水的试管一一放进纸筒里，装满纸筒为止。

2 将修剪好的小菊花一一插入试管中，摆出自己喜欢的造型。

3 将龟背叶插放到小菊花枝叶间，遮住纸筒口，调整龟背叶到看不到试管为止。

专家指导

插花是一项创意活动，并没有绝对的插法，孕妈妈不妨按照自己的心愿和想法来插。

讲故事《小猫钓鱼》

在树林旁边，有一条小河，河里有许多鱼在游来游去。

一天早上，猫妈妈带着小猫到小河边去钓鱼。它们刚刚坐下，一只蜻蜓飞来了，蜻蜓真好玩，飞来飞去像架小飞机。小猫看了真喜欢，放下钓鱼竿，就去捉蜻蜓。蜻蜓飞走了，小猫没捉着，空着手回到了河边，一看猫妈妈钓了一条大鱼。

小猫又坐到河边钓鱼，一只蝴蝶飞来了，蝴蝶真美丽，小猫看了真喜欢，放下了钓鱼竿，又去捉蝴蝶。蝴蝶飞走了，小猫又没捉着，空着手回到河边，一看，猫妈妈又钓了一条大鱼。

小猫说：“真气人，我怎么一条小鱼也钓不着？”

猫妈妈看了看小猫，说：“钓

鱼就要一心一意，不要三心二意，你一会儿捉蜻蜓，一会儿捉蝴蝶，怎么能钓着鱼呢？”

小猫听了猫妈妈的话很难为情，便一心一意地钓鱼了。

蜻蜓又飞来了，蝴蝶也飞来了，小猫就像没有看见一样，一步也没走开。不一会儿，嘿！钓竿上的线往下沉，钓竿也动起来啦，小猫使劲把钓竿往上甩，“哎哟！”一条大鱼钓上来啦。鱼摔在地上，噼噼啪啪地乱蹦乱跳，小猫赶紧捉住大鱼，高兴地喊了起来：“我钓到大鱼啦，我钓到大鱼啦！”后来，猫妈妈和小猫一起拎着钓到的鱼，高高兴兴地回家了。

* 胎教点读

可爱的小猫看着什么都喜欢，都想去玩，等小猫玩够了回来时，猫妈妈用实际行动告诉了小猫：虽然喜欢的东西很多，但要是三心二意的话，就什么都不能得到了，做一件事情要一心一意才行。

孕妈妈讲故事时，除了告诉胎宝宝道理外，可以给胎宝宝描述一下小猫的样子，也可以学几声小猫的叫声给胎宝宝听。在描述或模仿的过程中，胎宝宝能熟悉孕妈妈的思维，也能加深对小猫的了解。

放松精神，消除紧张感

下面给孕妈妈介绍一种精神放松法——自律训练，它的目的是消除紧张情绪，集中精神、安定身心，具体方法是：

* 准备

先用温水让自己紧张的身体松弛下来，换上宽大的衣服，在一个地方冥想，消除紧张情绪。

* 步骤

第一阶段：坐在椅子上或是平躺在床上，闭上眼睛，放松全身，全身处于无力状态，把气吸入腹部，再通过腹部呼出，反复2~3次。

第二阶段：心中默念“内心平静、双臂沉重”，把意识集中于四肢，努力体会沉重的感觉。

第三阶段：“内心平静、双臂沉重”和“双脚温暖、内心平静”各念两遍，体会手脚温暖的感觉。

第四阶段：双臂前移，移动手指，将胳膊肘弯曲后再打开，然后伸个懒腰，冥想结束。

专家指导

在不同的国家，由于人们的兴趣不一样，孕妈妈们放松自己的方式也各有特色，比如，日本妈妈崇尚插花，她们在孕期也会用插花来放松；俄罗斯妈妈喜欢歌曲，她们开创了将想说的话用歌曲来表达的胎教方式。

胎宝宝也能上大学

世界上第一批从“胎宝宝大学”毕业的宝宝们是美国的“70后”，在他们毕业4~7年期间，有关研究发现，他们的智商比没有接受过胎教的孩子要高20%~45%。此后许多国家，如英国、德国、俄罗斯、加拿大、日本等都开始建立“胎宝宝大学”或类似机构。目前，我国也出现了一些胎宝宝大学，这种新鲜的教育方式正越来越被人们接受。

这里我们介绍一所美国加利福尼亚州的胎宝宝大学。

在这所大学里，担任教师的有产科医生、心理学家和家庭教育学家，“新生”全部是已经5个月的胎宝宝，大学的作息制度很严格，必须按时上课和休息，所“教”的课程主要是语言和音乐。

* 语言课

孕妈妈用一个喇叭筒向腹中的学生不断地重复言语，或者借助一个特殊的麦克风同胎宝宝讲话，同时用手在腹部作各种示范，动手与胎宝宝做游戏，如抚摸、拍、推、摇等，并为每一个胎宝宝取一个动听的乳名。

* 音乐课

选择一些优雅动听的乐曲给孕妈妈和胎宝宝听，有时让孕妈妈把一个玩具琴放在肚子上，演奏一连串的音符，有时还让孕妈妈唱一些歌曲。

经过全程序的一段时间学习，胎宝宝出生时已懂得大约15个词汇和其中的含义，并能对这些词汇作出反应。

这些受过胎宝宝教育的学生一出世，便可获得一张文凭和一顶学士帽。

给胎宝宝取个小名

胎宝宝5~6个月时有了听觉，这时可以给他取一个乳名。不仅“对话”方便，而且经常叫唤胎宝宝的名字，能够引起条件反射，时间久了，当他听到名字的时候就知道是在和他说话了。此外，宝宝出生后，当呼唤其乳名时，他听到曾经熟悉的名字时，会有一种特殊的安全感，烦躁、哭闹明显减少，有时会露出高兴的表情。

* 起中文名的思路

给胎宝宝起的名字要响亮一些，可以用叠音，这样叫起来顺口，容易听，也容易记住，不用像起大名那样郑重其事，比如皮皮、球球、丁丁、咚咚、嘟嘟、安安、畅畅、晨晨、萌萌等。

被用得最多的时尚汉字排名

1.涵 2.嘉 3.哲 4.怡 5.妍 6.博 7.宇 8.晨 9.轩 10.泽 11.乐 12.俊 13.佳 14.子 15.浩 16.奕 17.思 18.睿 19.悦 20.萱 21.琪 22.梓 23.欣 24.彤 25.熙 26.逸 27.依 28.卓 29.昊 30.宸 31.淇 32.雨 33.凡 34.泓 35.皓 36.一 37.昕 38.天 39.瀚 40.可 41.雅 42.煜 43.伊 44.琦 45.旭 46.淳 47.辰 48.然 49.函 50.婷

* 起英文名的思路

如果打算给宝宝起个英文名，下面的建议也许对你有帮助：

1 和中文名字一样，宝宝的英文名发音也要响亮、好听，拼写要便于书写和记忆，尤其着意是否有独特的风格，不能与太多人重复。

2 与中文名字相互呼应，发音接近，比如希蒙可以是Simon；德源则可以是Daryl或Darrell；名字里有“拓”可以选择Tom、Tommy、Tomas；名字里有“美”“梅”的，可以选择May；“文”可以是Wendi或Wendy。

3 注重名字本身的美好含义，如Joy（高兴）、Grace（优雅）、Sunny（阳光），这样的名字也符合我们中国人的心愿，而又不会像汉语那样直白。

4 姓与名的巧妙搭配，英文签名时经常用到姓与名的首字母，如Daphne Deng的签名就是D.D，这也可以作为宝宝的昵称或小名，宝宝Daphne Deng可以被叫做DD，这样的小名叫起来省力亲热，而且很酷。

比较好听的重叠首字母还有：BB、JJ、KK、QQ、TT、YY等，比如Baron Bao、Joy Jin、Katharine Kong。

职场孕妈妈怎样吃得更营养

职场孕妈妈可能不得不吃工作餐，难免会在营养方面有欠缺，甚至还有一些不太健康、容易导致发胖的饮食。孕妈妈要想吃得更营养，一定要善于“去粗取精”，注意选择，以下建议可能会给孕妈妈一些帮助：

1 不要选择味重刺激的食物

孕妈妈应少吃太咸的食物，以防止体内水、钠潴留，引起血压上升或双足水肿；其他辛辣、调味重的食物也应该明智地拒绝。

2 尽量避免油炸食物

外面餐馆的油炸类食物，在制作过程中使用的食用油一般都是被重复使用过很多次的回锅油，这种油反复沸腾，有很多有害物质，孕妈妈最好不要食用工作餐里的油炸食物。

3 慎重挑选饮料

对于孕妈妈来说，健康饮料包括矿泉水和纯果汁，其他饮料最好不要选择，尤其是含咖啡因或酒精的饮料。

4 自带袋装牛奶和新鲜水果

为了弥补吃新鲜蔬菜的不足，孕妈妈应在午饭前30分钟吃个水果，以补充维生素缺乏，可以自带。此外，还可带牛奶，以补充钙。

容易饥饿的孕妈妈要记得带些全麦饼干或者面包之类的食物，以备饥饿的时候需要。

孕期体操——猫姿

猫姿是一种倾斜骨盆的练习，不仅可以有效地预防腰痛，还可以对分娩时所需的肌肉进行锻炼，更好地支持子宫，有助于将来顺产。

* 准备工作

选择一个宽阔的平面，地板或是床，放松身体，深呼吸，待呼吸平静下来后开始练习。

＊做法

❶趴下，手与双膝分开，身体呈爬姿，手、腿与腰同宽。

❷一边呼气，一边拱起背部，前倾骨盆，头部弯向两臂中间，直至看到肚脐，想象着猫夹着尾巴的姿势来绷紧腹部。

❸吸气后，再一边呼气一边慢慢地放松腹部。

❹呼气的同时一边恢复到原来的姿势，一边向上抬头。

❺边吸气边前抬上身。

❻边呼气边后撤身体，直至趴下。

❼注意在整个过程中,肘部不要弯曲。重复10次。

专家指导

在做猫姿的过程中可能引起宝宝在腹中旋转，因此不适合孕晚期的妈妈练习。

准爸爸做胎教

准爸爸怎样和胎宝宝玩游戏

5个月的胎宝宝已经是个有感觉的小生命了，会伸懒腰、打哈欠、调皮地用脚蹬孕妈妈的肚子。准爸爸这个时候更应该多和胎宝宝作一些互动，轻声呼唤、轻柔抚摸都是不错的交流方法，现在可以适当地加一些游戏的内容。

游戏的种类多种多样，关键是准爸爸也能够参与到胎教中来。孕妈妈平躺时，准爸爸以抚摸轻按的方式诱导胎宝宝在子宫中活动；孕妈妈进餐时，准爸爸可以模拟给胎宝宝喂饭，游戏时要注意语言上的配合，如："宝宝，爸爸有没有摸到你的小胳膊呀？""爸爸做的饭好不好吃呀？"……

玩游戏不仅可以加深与胎宝宝之间的联系，还可以加深与孕妈妈之间的感情。

准爸爸怎么给胎宝宝讲述故事

准爸爸是胎教的主力军，其中语言胎教是最主要的方面。从本月开始，对胎宝宝听力的练习可以适当加强了，准爸爸可以多给胎宝宝讲讲故事。

在给胎宝宝讲故事的时候，准爸爸要把他当成懂事的孩子一样看待，不要抱着敷衍孕妈妈的态度，并且让孕妈妈也积极地参与进来，让胎教通过孕妈妈的心理感受，更好地作用于胎宝宝。

故事形式上以有好玩的对话的小故事为佳，给孕妈妈安排一个角色，然后两个人绘声绘色地模拟角色中的人物进行对话。故事内容应轻松愉悦，娓娓动听，千万不要讲一些会令孕妈妈产生心理恐惧的故事，另外本书也精选了一部分好的小故事，准爸爸亦可从中选择。

准爸爸在讲故事的时候，尽量将作品中的人、事、物详细、清楚地描述出来，例如，说到太阳时，可以描述一下太阳的模样、颜色、形状、作用等，让自己更好地融入故事中的世界去。

第6个月

胎宝宝躲在子宫中聆听

本月胎教要点

这个月，胎宝宝状态较为安定，孕妈妈可进行简单、适量的运动，既可避免肥胖，也使未来的生产过程更为顺利。

进入本月之后，胎宝宝的大脑已经比较发达，并产生了自我的意识，渐渐形成了自己的个性特征与不同情感，可以说胎宝宝已经懂事了。

这一时期正是胎教任务最重的时期，孕妈妈和准爸爸应有明确的“人父”“人母”意识，提高自我修养，不失时机地对胎宝宝进行教育。

在怀孕第6个月，孕妈妈的胎教重点是：

* 加强母爱

母爱对胎宝宝来说是独一无二的，也是最幸福的，特别是怀孕中、晚期，要仔细体会和观察胎宝宝的信号，关注胎宝宝的生长，及时锻炼身体，摄入足够营养，避免不良刺激。

* 多呼唤胎宝宝的乳名

这时胎宝宝能对听到的声音作出不同的反应，和胎宝宝对话时，要先呼唤他的名字，帮助他加深印象，这样可以令胎宝宝出生后也能回忆起这熟悉的呼唤，产生特殊的安全感。

* 教胎宝宝学习

胎宝宝有了学习和记忆的能力，孕妈妈要不失时机地对胎宝宝进行教育。此外，孕妈妈还应当保持旺盛的求知欲，让胎宝宝也受到积极的影响，从而促进大脑和智力的发育。

“妈妈，我真想跳出去告诉你一件令人兴奋的事儿。我能听见你的声音了。那天你和爸爸说悄悄话，全让我给听见了哦，呵呵，以后你们可不能再背着宝宝偷偷说话了。其实，没事的时候，我很希望能和爸爸妈妈聊聊天。”

“还有个事儿，我也不知道算不算好事，专家说从现在起，我就有生存能力了，就算出去了也能把我放到暖箱里保护好，可是妈妈，我才刚刚开始完全占领我的房间，还一点儿也不想出去呢。”

“对了，关于房间的事，有点儿小遗憾，‘房东’刚刚找过我，它说我长得太快了，房子扩张的速度明显赶不上我，让我作好心理准备。不过，我还是特别高兴，因为有好多运动项目等着我，我现在不仅会带球、射球还会顶头球，我已经决定了，下一步我要向球星靠拢，认真练习角球，要是踢疼了妈妈，请妈妈多见谅哦。”

* 胎宝宝在发育

宝宝24周身长约19~21厘米，体重约500~600克，经常在羊水中转动，上下眼睫毛也都发育，皮肤不再呈现透明状，反而略带微红色。

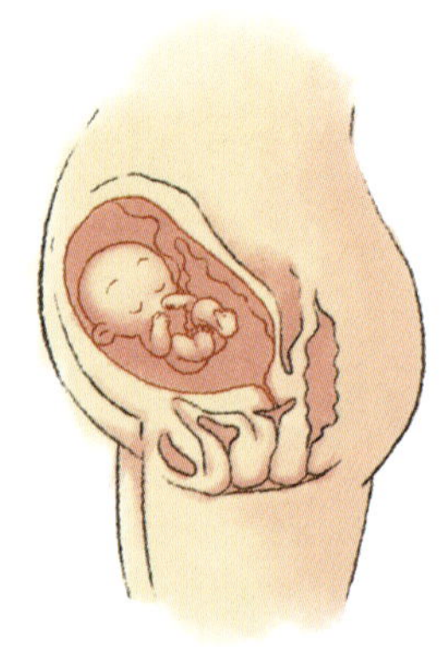

孕妈妈需要了解的

巧妙站、走、坐，轻松应对大肚挑战

对于大肚孕妈妈而言，平常一些轻而易举就能做到的动作，现在都是一个很大的挑战，尤其是在行走、站立或坐下的时候，稍不注意，就会引起全身酸痛，如果掌握一些行动的技巧，不仅可以避免一些不必要的酸痛，有时候还能收到一些意外的效果。

＊站、走、坐的前提动作——挺起肚子

因为子宫增大，孕妈妈的重心开始发生变化，突出的腹部使得身体重心前移，为了保持平衡，孕妈妈要将肚子挺起来一点，让重心落在脚部，这样才不至于摔倒。

＊站姿

两腿平行，两脚稍微分开，这样可以使身体重心落在两脚中间，不易疲劳。若站立时间较长，则应将两脚一前一后站立，并每隔几分钟就变换两脚前后位置，使体重落在伸出的前腿上，可以减少疲劳。

＊走姿

行走时背要直、头要抬起、臀要紧收，保持身体平衡，稳步行走，不要用脚尖走路，必要时可以用两只手分别顶住自己的后腰，挺起肚子，或是像划船一样划动两条胳膊，这样也有助于身体平衡，如果需要的话，可以扶着扶手或栏杆行走，这样就更省力了。

＊坐姿

深座椅中，后背笔直靠椅背，股和膝关节成直角，大腿成水平位。这样可以减轻长时间坐姿带来的疲劳感。

专家指导

如果要取高处的东西，最好请别人代劳，尤其是有流产史的孕妈妈，因为伸长上身及胳膊时，容易造成腹部用力，对子宫中的胎宝宝不利。

怎样缓解频繁袭来的便秘

怀孕后，由于胃肠道蠕动速度减慢、盆底肌肉群张力变弱、子宫的压迫等因素，食物通过胃肠道的时间明显延长，容易发生便秘，轻度的便秘会让妈妈腹痛、腹胀；重者可导致肠梗阻，并发生早产。因此，为了胎宝宝的安全，孕期要及时缓解便秘。

* 缓解便秘从生活习惯开始

孕期便秘不能随便用药，最好是从饮食、起居等各方面来进行调理，从改变不良生活习惯入手：

1 多吃新鲜蔬菜，如芹菜、菠菜、大白菜、韭菜、南瓜等，不宜进食苹果、菠萝、柿子、桂圆、橘子等，食用这些水果会加重便秘。

2 膳食应以粗细搭配、荤素搭配为好，少吃被精制加工过的食物，多吃一些荞麦、高粱、玉米等粗粮，可以在煮饭时适当添加，既有丰富的营养，又能防治便秘。

3 多喝水，尤其是每日清晨起床后，可以喝一杯温水，润通肠道，促进排便。

4 最好每天喝一杯酸奶，有助于加强消化功能，增加大便湿润度，促进其排出。一般在饭后30分钟到2个小时之间饮用酸奶效果最佳。

5 少吃辛辣和带刺激性的食物，避免大量饮酒。这些饮食都会导致大便变干，加重便秘。

6 不易消化的食物，如莲藕、蚕豆、荷包蛋、糯米等也要少吃，否则也会加重肠胃负担。

7 适当进行一些活动，可以促进肠胃蠕动，缩短食物通过肠道的时间，并能增加排便量。

8 养成良好的排便习惯，每日定时排便1次，孕妈妈最好在每天早晨起床后就立即排便，一旦有便意就要及时排掉。

要注意的是，孕妈妈便秘持续超过3周以上时，应及早就医，尤其当便秘改变成腹泻，或腹泻转变成便秘时，更应寻求医生帮助，千万不要置之不理，忽略身体发出的信号。

* 长期便秘的缓解妙方

长期便秘的孕妈妈可以尝试以下方法：

1 每天早晨醒来后，尝试空腹喝一些蜂蜜水，或者舀一小勺蜂蜜吃，刺激肠道蠕动，帮助身体产生便意。

2 将1根香蕉、1小块木瓜、1袋250毫升的牛奶放入榨汁机内，打成果汁。每天晚上睡觉前喝一杯，坚持喝3天就会有很好的效果。但孕妈妈要先确定自己对香蕉、木瓜、牛奶不过敏；另外，第一次不要喝得太多，每天1杯即可。

3 习惯性便秘的孕妈妈，可以早晚空腹喝一小口香油，以润肠通便。

要注意的是，以上方法对于肠胃不好，有腹泻现象的孕妈妈并不适用，此类孕妈妈应征求医生的建议。

当心变成“糖妈妈”

孕妈妈患糖尿病被称为妊娠期糖尿病，多出现在孕20~24周之后，发生率为3%~6%，最明显的症状是“三多一少”：吃多、喝多、尿多，但体重减轻，还伴有呕吐；另外，一个常见的症状是疲乏无力。我国每年约有120万孕妈妈受妊娠糖尿病困扰，“糖妈妈”这一特殊群体还在逐年增加。

* 糖妈妈的风险

对孕妈妈来说

容易并发妊娠期高血压疾病，概率比一般人高出数十倍。

容易患感染性疾病，如尿路感染等。

容易导致羊水过多、胎膜早破、早产等。

如果没有及时诊断和治疗，严重的话可发生酮症酸中毒，产后可能长期患有糖尿病。

对胎宝宝来说

可直接导致流产、宫内发育迟缓，畸形儿、巨大胎宝宝及低体重儿的概率增加。

可能出现新生儿高胆红素血症、低血糖、呼吸窘迫综合征等多种新生儿并发症。

胎宝宝日后患糖尿病、高血压、冠心病的风险会加大。

* 糖妈妈的诱因

怀孕后，激素分泌增多，产生抵抗胰岛素的作用，随着孕周的增加，不断增多的雌、孕激素促使机体分泌更多的胰岛素保持正常的糖代谢，一些对胰岛素代偿能力差的孕妈妈可能会出现糖代谢异常或者胰岛素敏感性不够；一些孕妈妈有糖尿病家族史；还有一些孕妈妈营养过度、缺乏运动，这都是成为“糖妈妈”的诱因。

* 孕妈妈要进行糖尿病筛查

建议孕妈妈在怀孕第24~28周时进行糖尿病筛查，超过35岁、肥胖、有糖尿病家族史、有不良孕产史的孕妈妈属于高危人群，需要更早进行糖尿病筛查。

糖尿病筛查的具体方法是

口服50克的葡萄糖筛检及100克口服葡萄糖耐受试验，测出空腹、餐后1小时、2小时及3小时之血糖浓度，若发现其中至少有两项数值高于标准值时，则可能为妊娠期糖尿病。孕妇糖尿病筛查正常值：

时间	毫摩尔／升（毫克／分升）
空腹	5.8（100）
餐后1小时	10.6（190）
餐后2小时	9.2（165）
餐后3小时	8.1（145）

* 糖妈妈应该怎么办

如果确诊为糖尿病，孕妈妈先不要慌张，应积极应对，以下建议可能对孕妈妈有帮助：

1 严格控制饮食均衡、营养全面，控制热量和糖分摄入，少食多餐，增加膳食纤维。

2 进行适当户外运动，运动疗法十分有益于糖尿病的控制。

3 如果需要药物控制，一定要严格配合医生的治疗和作好自我检测。

4 保持心情舒畅，认真对待病情，但不做无谓的担心。

* 糖妈妈要重视饮食控制法

糖妈妈首先要做的是控制饮食，饮食可直接关系到治疗的效果，日常需要注意的是：

1 控制碳水化合物摄入量，大米、面粉、小米等主食一般每日控制在250~400克。

2 注意蛋白质、脂肪摄入量，蛋白质每日每千克体重进食1克，脂肪以植物油为主，每日进食约25克左右。

3 多吃新鲜蔬菜，如番茄、黄瓜、小白菜、菠菜、芹菜、冬瓜、韭菜、卷心菜等。

4 有限制地吃水果，水果应选择含糖量低的，如梨、橘子、猕猴桃等。

5 饮食以清淡为宜，肥腻、辛辣、刺激类食物要尽量避免，拒绝食用糖精等人工甜味剂。

6 少食多餐，每日进食5~6次，且定时定量。

如果饮食控制后血糖仍高于理想水平，或出现饥饿性酮症，要及时看医生，配合医生的治疗。

胎教在生活的点滴中

孕妈妈学写毛笔字

书法是一门艺术，能提高人的审美感觉，孕妈妈学写毛笔字其实是一种美学胎教。

* 需要准备的工具

毛笔，墨汁。

纸张：刚开始练习用宣纸太浪费了，可用学生用十五格纸，用废报纸也行。

字帖：一本好字帖对于初学者非常重要，最好从真书（楷、隶、魏碑等）入手，行草比较难，不宜先行练习。

* 向孕妈妈推荐几本好字帖

楷书：颜真卿的《勤礼碑》、《多宝塔碑》、《麻姑仙坛记》；柳公权的《玄秘塔》、《神策军碑》；欧阳询的《九成宫》等。

隶书：《史晨碑》、《张迁碑》等。

魏碑：《郑文公碑》等。

* 怎样开始写毛笔字

1 从笔画开始练起，再循序渐进，穿插带笔画的字进行练习，如“三、王”练横画，练熟后可以临古诗帖。

2 不练笔画，可以直接从练字开始，主要方法有：

描红：在勾勒出的字框内填写笔画，一般书店都有售。

摹临：在前人的法帖上覆上白纸临摹。

临摹：参照前人的法帖进行临摹。

背临：先学习消化前人的法帖，然后不看法帖完成书写。

专家指导

毛笔字最好能天天写，两三天写一次也可，但三天打鱼两天晒网是起不到效果的，而且坚持不懈地练习对身体及性格调整会有益处。

教胎宝宝学习字母和数字

这个月可以教胎宝宝学习和动脑，除了汉字外，还应让胎宝宝学习字母和数字。

在学习开始前，孕妈妈应把呼吸调整得深沉而平静，然后把要教的内容在头脑中描绘出来。为了让胎宝宝与教学合拍，最好先给胎宝宝一个信号，如抚摸着肚子说“乖宝宝，我们开始上课了”等。

* 学习字母

1 准备彩笔和白纸。

2 按照A~Z的顺序，用彩笔在白纸上写下这26个字母，每天教4~5个，鲜艳的颜色可以强化孕妈妈的意念和集中注意力，并促使孕妈妈获得明确的视觉感。

3 教每个字母时，一边反复地发这个音，一边用彩笔写它的笔画。

4 通过视觉将字母的形状和颜色深深地印在脑海里，大写教完了再教小写。

5 孕妈妈对这一字母理解的信息，会以最佳状态传递给胎宝宝。

* 学习数字

1 和教字母一样，先将0~9这10个数字用彩笔写在纸上，每天教3~4个。

2 运用想象，让数字变得具体和形象，比如1像竖起来的铅笔，2 像浮在水面上的天鹅的倩影，3 像人的耳朵，8像两个圆粘在一起，9像小蝌蚪，等等。

3 教的过程中，读音清楚地数几遍。

* 胎教点读

胎教成功的诀窍之一就是将具体的、有立体感的形象，而不是平面的形象导入胎教中去。

音乐能让宝宝气质更出众

音乐是感情的、心灵的语言，它能使人张开幻想的翅膀，随着优美的旋律，翱翔在天空中。

不同的乐曲对于陶冶宝宝的情操起着不同的作用，因而可以促进宝宝气质的完善。但是通过有针对性的音乐陶冶，能使宝宝在气质上发生改变，巴赫的复调音乐能促进宝宝恬静、稳定；圆舞曲促进宝宝欢快、开朗；奏鸣曲能激发宝宝的热情、奔放等。

音乐的陶冶和训练应该从胎宝宝期开始，具备了听音乐的生理条件后可以开始有计划地进行音乐胎教。

＊胎宝宝更喜欢这样的音乐

胎宝宝已经具有了对音乐的感受能力，在选择音乐时一定要注意选择合适的音乐。一般来说，胎宝宝更喜欢中世纪文艺复兴的古典音乐，如巴赫、莫扎特等的乐曲，这些乐曲中蕴涵着和人类生命节律相通的部分，它们与大脑中的阿尔法波和心跳波形相似，所以很容易被胎宝宝和孕妈妈接受。

＊其他值得推荐的类似古典乐曲

西方

巴赫:《G大调奏鸣曲》、《D大调奏鸣曲》、《G小调奏鸣曲》。

莫扎特：长笛四重奏。

东方

古琴曲：《流水》、《梅花三弄》

古筝曲:《高山流水》、《渔舟唱晚》、《出水莲》

琵琶曲：《月儿高》、《春江花月夜》

二胡曲：《二泉映月》、《听松》

不过，胎教的原则应该是孕妈妈本身喜欢才最重要。如果一种音乐，即使是推荐的古典音乐，令孕妈妈一听便觉得不舒服，无论多少专家推荐，效果都是负面的。心情愉快轻松的孕妈妈，自然能生出性情平和的可爱宝宝。

＊孕妈妈要注意避免的音乐

1 节奏强烈、变化大、刺激性强的躁动音乐，如迪斯科舞曲、霹雳舞曲，它们可能造成细胞破裂死亡。

2 音域过高的音乐，聆听过高音域的音乐也会损伤脑细胞。

3 过于哀伤的音乐，这样的音乐会影响孕妈妈的情绪。

专家指导

对于适合的音乐，孕妈妈最好能经常聆听，因为声波经过反复，不断地得到强化，可以促进胎宝宝的右脑发育。

讲故事《国王的花》

有一个国王，他的每一件东西，都要比任何人的更大、更好。他居住在一个很大的宫殿里；他戴着很大的，实际上很不舒服的王冠；他睡在一张巨大的床上，床是那么高，爬上爬下要使用一架梯子。国王的牙刷是那么大，要有两个人才能搬动它。

厨房里的大钟响起了，那声音简直要震聋人的耳朵。那是开始给国王准备早餐的信号。

国王的餐刀和肉叉是那么大，悬挂在天花板上的绳子和滑轮上，要使用它们很困难。

他最喜欢的食物是巧克力糖。他派侍从出去采办，他们给他搬来了从来没人看见过的、最大的巧克力棒，因为太大了，它一直伸到宫殿的大门外面。于是国王只好到外面去，从棒梢上一点点咬着吃。

“多好吃！”他说，“这是最大和最好的巧克力棒，正好适合我这最伟大人物的胃口。”他吃了一些，又吃了一些，一直到……

“帮帮忙！牙科医生。我的牙齿疼极了。”国王叫道。

“为国王治病的每样东西都必须用最大的。”牙科医生牢记这一条。于是他吩咐铁匠制造一把巨大的钳子，去拔出国王的牙齿。

当国王看到那把巨大的钳子，牙科医生又把他捆在椅子上的时候，他感到很不舒服。所有的人，有的推有的拉，最后终于拔出了那颗小小的坏牙齿，国王那极大的牙痛消除了。

第二天，国王命令侍从们把钳子改制成一只鸟笼或者别的什么东西。因为钳子的形状使他想起了鸟笼。可是制作出来的鸟笼实在太大了，鸟儿放进笼里又飞了出来。

“真叫人失望。”国王说。

接着他又产生了另一个念头，他命令侍从们建造一个最大的花钵，在里面填上大量泥土。一只郁金香球茎种在花钵中央。

“在这么大的花钵里开出的郁金香，一定要成为世界最大和最好的郁金香。”国王说。

国王在等待郁金香长大的时候，又命令侍从在地上挖了一个供他钓鱼的池塘，当然他用的鱼竿也是世界最大的，钓的鱼也是最大的。

每天早晨，国王爬上大花钵去看郁金香有没有长大。但始终是老样子。国王的园丁只得安慰他。

“世界上最大和最好的花，生长期要比普通的花更长。”园丁说。

最后，在春天里的一天，国王又爬上花钵，只见还是老样子，但一朵红色的郁金香已经平静地开放在花钵中间。国王看了很长时间，觉得它并不大。它是小的——但非常美丽。

“也许，最大的不一定是最好的。”国王说，他不得不惊服大自然的造化，“我不可能使它成为世界上最大的花。也许这样更好。”

文/安诺德·劳伯尔；译/楼飞甫。节选自《美国童话精选》。

让胎宝宝也学点英语

胎宝宝目前具有接受英语启蒙的能力，从现在起到出生是孕妈妈进行英语胎教的黄金时间，胎教英语启蒙能使胎宝宝将来成为精通两种语言的人才。

* 教胎宝宝学英语的方法

1 和胎宝宝说英语

孕妈妈可以讲一些很简单的英语，将自己看见、听见的事情，以简单的英语对胎宝宝说话，例如，“This is Mommy”“It's a nice day”“Let's go to the park”“That is a cat”，还要尽量用到胎宝宝的名字，例如：“Lisa, I am your Mommy and I love you so much!”“Johnny, you are my lovely baby and I will try to give anything that you like!”

2 通过媒介学习

媒介可以帮助孕妈妈营造练习英语的良好环境，听一些英文儿歌、音乐，看原版的带有中文字幕(方便孕妈妈理解)的卡通DVD等，既地道又增加了趣味性。此外，还可以利用现有的英语媒介教育资源，比如Baby Einstein（小小爱因斯坦）系列，不仅内容有趣，而且读起来朗朗上口，这些媒介可以带来活泼的气氛，清晰的发音，收到很好的胎教效果。

英语胎教一个月后，不妨试试其成效，对着胎宝宝说些经常说的英文语句，看看胎宝宝听到之后是否有反应，是否踢孕妈妈的肚子。

专家指导

除了英语，孕妈妈用本土语言(比如上海话、广东话)和胎宝宝说话，也可收到异曲同工的效果。此外，宝宝出生后仍要持续与宝宝进行沟通，不然日久就会生疏。

选补脑效果好的坚果做零食

要想胎宝宝有一个聪明的脑袋，要抓住脑发育的黄金时期多吃些补脑食物。

坚果通常被归为脂肪类食物，高热量、高脂肪是它们的特性，但是坚果主要是以不饱和脂肪酸为主，对于胎宝宝大脑发育来说，需要的第一营养成分就是不饱和脂肪酸。因此，坚果是补脑佳品。下面介绍几种可作为孕妈妈零食的坚果：

* 开心果

推荐摄入量：5~8粒。

开心果含有大量油脂和维生素E，有润肠通便的作用，同时可补脑。

* 松子

推荐摄入量：20~30克。

松子含有丰富的胡萝卜素

和维生素E，以及人体必需的脂肪酸、油酸、亚油酸，有防癌、抗癌作用，还能促进胎宝宝大脑健康发育。

* 花生

推荐摄入量：25~30克。

花生含有约50%的脂肪和25%的蛋白质，还含有维生素B_1、维生素B_2及维生素E等多种营养成分，孕妈妈常吃还可以预防产后缺乳。

* 核桃

推荐摄入量：2~3个。

核桃含有较高的亚油酸，在体内能合成DHA，有补脑、健脑作用，核桃也含有丰富的维生素E，能促进胎宝宝血管的生长和发育。

* 榛子

推荐摄入量：8~10粒。

含有约50%的脂肪，脂肪酸以不饱和脂肪酸为主，并富含磷、铁、钾等矿物质，以及胡萝卜素、维生素B_1、维生素B_2、烟酸，经常吃可以明目、健脑。

* 葵花子

推荐摄入量：20~30克。

葵花子脂肪富含亚油酸，能促进脑发育，也含有大量维生素E，促进胎宝宝血管生长和发育，同时还能增进卵巢机能，增强孕酮的作用，有助于安胎。

* 腰果

推荐摄入量：5~8粒。

营养丰富，含蛋白质达21%，含油率达40%，各种维生素含量也都很高，具有补充体力、健脑的作用，还能使干燥的皮肤得到改善，同时可补充铁、锌等。

孕期体操——抬腰提肛

孕中期最适合做一些比孕早期动作稍微复杂一些的运动。这里给孕妈妈介绍抬腰提肛运动，经常训练对于分娩时放松肌肉很有帮助，还可以帮助缓解孕妈妈便秘，对于孕中期可能会出现的漏尿情况也有好处。做法是：

1 仰卧，平躺于床上，双腿放平，两手放于身体两侧，平静地呼吸。

2 右脚向上弯曲，然后右腿向右边打开。

3 重复第2步4次，放回原位。

4 换左脚，同样动作重复4次，放回原位。

5 双腿放平，慢慢吸气，同时收缩肛门，腰部抬起。

6 慢慢呼气，放松腰部，再放松肛门。

7 重复第5~6步5次。

8 这个运动每日可以早晚做2次，每次5分钟左右。

以上动作可以简单地理解为：把腰尽量地离开床面，像忍大便一样地提肛门。

给宝宝做件漂亮的小衣服

孕妈妈可以试着用舒适柔软的衣料，给宝宝做一些简单易穿脱的衣服，制作出来的衣服不仅可爱，而且也能有效地进行手工胎教。精细的手工活动能令胎宝宝将来动作更灵活，也是一份送给胎宝宝的不错礼物。

适合刚出生的小婴儿的衣服以和尚服为佳。下面我们给孕妈妈介绍一种简单易行的做法：

* 需要准备的材料

绒布料，20厘米长的带子4根。

按图示画出纸样，并裁剪出来，尺寸可以根据需要调整，图中尺寸适合0~3个月的宝宝。

* 制作步骤

❶ 按纸样裁剪绒布，得到两片袖子，一个衣身。注意，纸样中为一半的衣身，裁剪衣身时，布料应对折后裁剪。

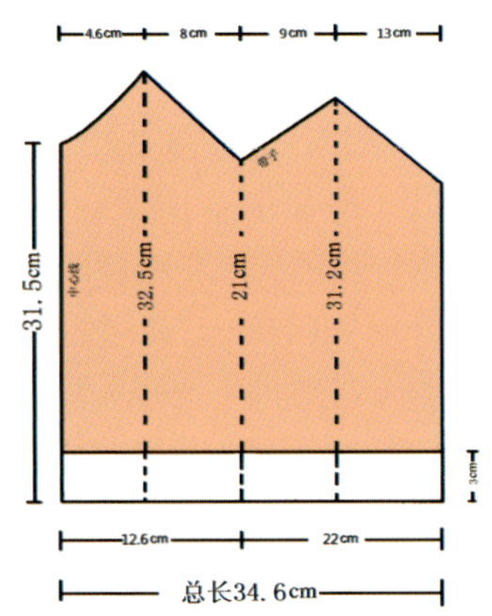

② 将袖口内折1.5厘米，然后再折1.5厘米后缝边，正面对折，缝合袖口的邻边。

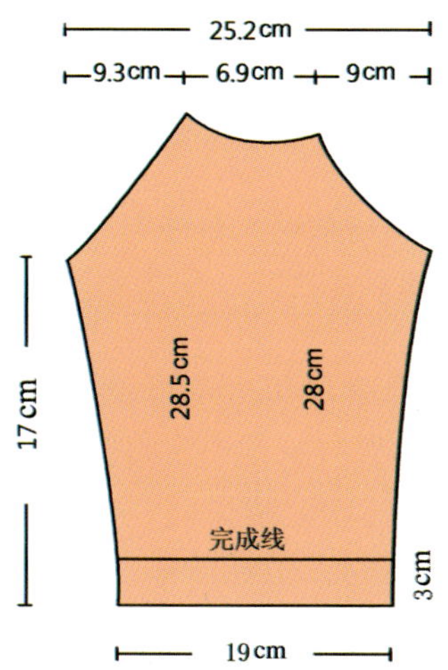

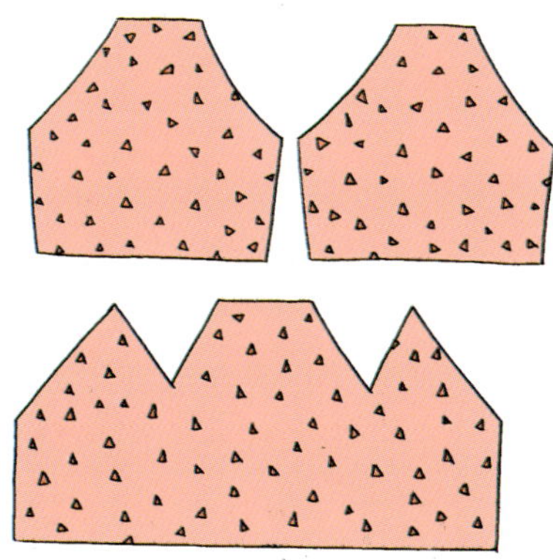

③ 在衣身图示位置分别缝上4条带子，将袖子上在衣身上即可。

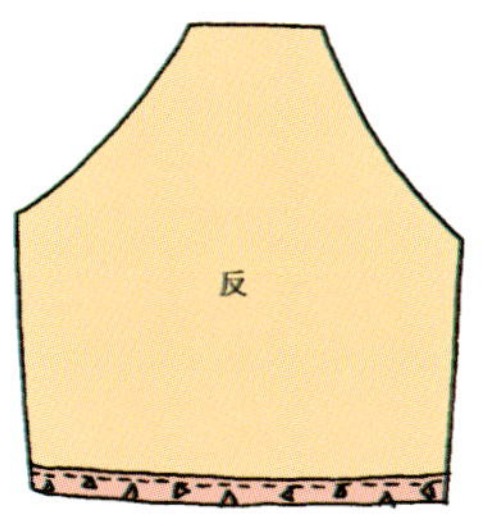

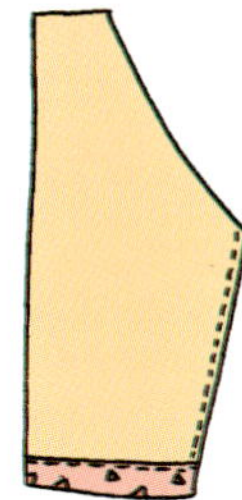

④ 为了美观，可以给衣服进行包边处理。

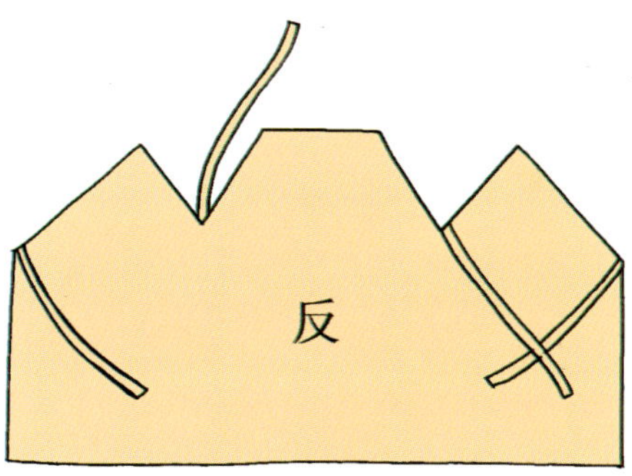

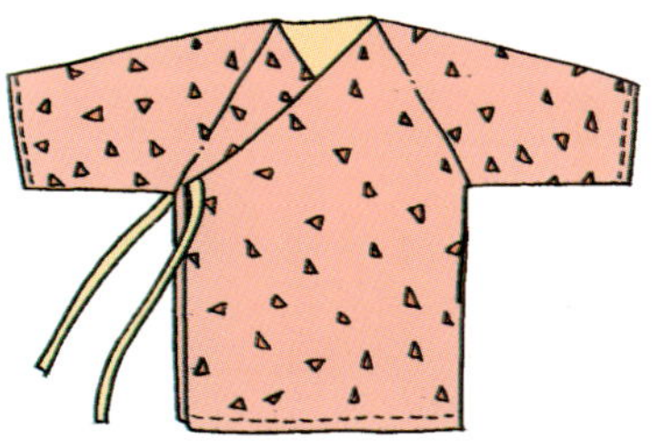

准爸爸做胎教

准爸爸该怎么给胎宝宝放音乐

进行音乐胎教，不但能刺激胎宝宝的听觉器官发育，还能促进他的大脑发育。不过，音乐胎教一定要掌握正确的方法，方能取得最好的胎教效果。准爸爸应该这样给胎宝宝放音乐：

1 事先熟悉和挑选乐曲

准爸爸首先应熟悉音乐内容，理解其中的内涵和社会背景，并帮助孕妈妈快速熟悉音乐，放松精神，并告诉胎宝宝要听音乐了。

2 帮助孕妈妈找准合适的姿势

音乐选好后，要帮助孕妈妈以最舒适的姿势作好准备，可以取半卧姿态，最好坐在沙发或躺椅上。另外，还要注意胎宝宝的状态，要在他清醒时听，即要有胎动，如果是计划好的时间，可轻轻地推动孕妈妈腹部使他醒来再开始。

3 打开音乐设备，开始听音乐

音乐的音量要适中，关于听音乐的时间，最好有个计划，一般每日三次(即早、中、晚各一次)，每次5~10分钟，如果比较忙，可早、晚各一次，或根据具体情况调整时间；一般来说，做到每大坚持听，而且每次听都是在孕妈妈兴致最高、心情最好的时候，效果就会很好。

4 一次不宜听太多、太杂的乐曲

在决定更换曲目时，应注意不要过于频繁，一般来说，一首曲子应天天听，待基本听熟后，再更换其他比较好。这样才能在胎宝宝的头脑中留下印象，使音乐胎教有可能起到促进胎宝宝脑和智力发展的作用。

专家指导

听到熟悉的音乐时，准爸爸可以随着音乐哼唱。如果会唱，可以直接清唱，或者可以由自己教孕妈妈唱，让胎宝宝跟着孕妈妈一起学唱。

第7个月

越来越爱动的胎宝宝

本月胎教要点

本月，胎宝宝初步形成视觉，能够区分外部的明暗，并且还能够直接体验孕妈妈的视觉感受。此外，胎宝宝感应声音的神经系统，已经接近完成阶段。这时孕妈妈腹壁变薄，所以胎宝宝可以听到外界的各种声音。

在怀孕第7个月时，孕妈妈的胎教重点是：

* 多与胎宝宝沟通

除了加强音乐胎教外，还应多对胎宝宝说话或讲故事。孕妈妈对胎宝宝的爱，可以通过声音传递，并在妊娠期间建立起良好的联系，胎宝宝出生后，对孕妈妈所说的话会有安全感。

* 多欣赏一些美好的事物

把生活环境布置得整洁美观、赏心悦目，挂几张漂亮的宝宝照片，孕妈妈可以天天看，想象腹中的胎宝宝也是这样健康、美丽、可爱，多欣赏花卉盆景、美术作品和大自然美好的景色，多到野外呼吸新鲜空气，避免烦恼、惊恐和忧虑的情绪。

* 适当运动，起居规律

孕妈妈需要适当运动，通过屈伸的动作使血气运行通畅，此外，饮食起居要有规律，按时作息，避免过量食用寒凉的食物。

“妈妈，一转眼我在你肚子里已经7个月了，最近我老忙着练习踢球，都忘了我动得太厉害妈妈会很辛苦，想起来怪不好意思的，直到刚才兴奋地为妈妈秀我的漂亮角球时，才感觉到妈妈很紧张，以至于都开始怀疑我是不是个双胞胎了。”

“我忍不住为妈妈的可爱想法笑出了声，妈妈别担心，我确定，我没有弟弟妹妹，要知道，每100个胎宝宝中才只有一个双胞胎呢，这种概率说起来其实也蛮低的哦。妈妈，接下来的日子里宝宝决定乖一点，定时吃饭睡觉，让你开心地度过每一天。”

* 胎宝宝在发育

此时期宝宝头臀径大约23~25厘米，重量大致为1千克，有时会吸吮手指，对于光也会有反应，不过，形状跟颜色要等出生一段时间才有感觉。

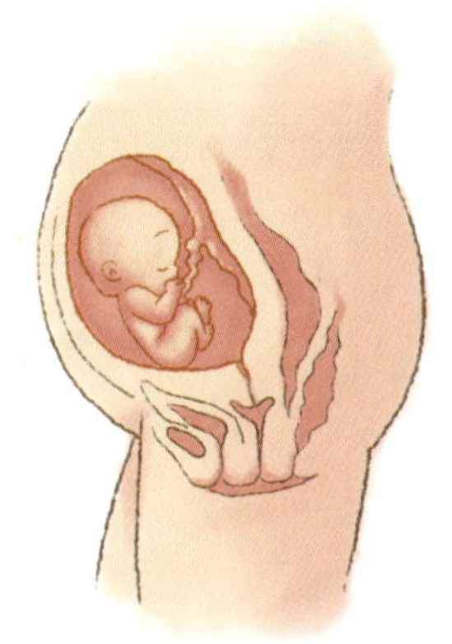

孕妈妈需要了解的

怎样防治孕期静脉曲张

在怀孕期，孕妈妈经常能够在腿上见到蚯蚓般曲张的条状物，呈现出青色，形状突出，于腿上蜿蜒而行，这就是静脉曲张。据统计，约有1/3的孕妈妈会遭遇严重程度不等的静脉曲张，曲张的静脉不只出现在双腿，在身体其他部位，如颈部及会阴部也可能会出现。

* 孕妈妈为什么容易患静脉曲张

其原因主要有三点：

1 怀孕时全身血流量增加，使得原本闭合的静脉瓣膜分开，造成静脉血液的逆流。

2 胎宝宝和子宫增大，压迫骨盆腔静脉和下腔静脉，造成静脉曲张，已经曲张的静脉也会越来越明显。

3 家族遗传或孕期体重过重，静脉曲张有家族遗传倾向，体重是静脉曲张的高危因素。

轻度静脉曲张不会引起任何症状，当其加重时，会使孕妈妈感到发胀、酸痛、麻木和乏力，甚至造成血栓性静脉炎或静脉栓塞等危险情况，孕妈妈在生活中必须多加防护。

* 静脉曲张的防护要点

1 不要长久站立，也不要久坐不动，应该经常变换体位休息，经常活动脚部，每次蹲厕时间不要太长。

2 每天进行适度的温和运动，坚持锻炼有助于避免过量脂肪堆积、保持良好的血液循环并强韧血管，慢走、游泳都是不错的选择。

3 控制体重。超重会使静脉曲张更加严重，孕妈妈应使妊娠期的体重增加控制在正常范围。

4 不要穿紧身的衣服，鞋子不可过紧，睡眠时用枕头垫高双腿，以促使静脉血液回流，尽量左侧躺，避免压迫到腹部下腔静脉，减少双腿静脉的压力。

5 可以在医生指导下，每天起床后，趁静脉曲张和下肢水肿较轻时，穿上合适的医疗级弹性袜来减轻静脉曲张症状，还可避免磕碰等外伤造成的出血及感染。

专家指导

一般情况下静脉曲张会在分娩后自行恢复，孕妈妈若有外阴静脉曲张，应及时就医，因为外阴静脉曲张同时伴有阴道和子宫颈的静脉曲张，胎宝宝的头经过时可能发生静脉破裂出血。

怎么应对恼人的孕期痔疮

痔疮在孕妈妈当中发病率高达66%，怀孕以后，孕妈妈逐渐膨大的子宫，会慢慢影响盆腔内静脉血液的回流，使得肛门周围的静脉丛发生淤血、凸出，从而形成痔疮，痔疮也可以看做是静脉曲张的一种，早期症状是便中带有血迹，有痒及发胀感，甚至引起头昏、气短、乏力、精神不佳等贫血症状。

当患上痔疮时，孕妈妈要多卧床休息，不要久坐、久站，适当出去散散步，做适当的运动，为了避免痔疮发生或随着孕期加重，建议孕妈妈在日常生活中从以下几方面进行改善：

＊养成良好的饮食习惯

1 平时注意多饮水，最好喝些淡盐水或蜂蜜水，晨起后空腹喝一杯500毫升的淡盐水有助于排便。

2 多吃新鲜蔬菜水果，尤其应注意多吃些富含粗纤维的食物，如韭菜、芹菜、青菜，以利大便通畅，也要多吃些粗粮，如玉米、地瓜、小米等。

3 注意不吃或少吃辛辣刺激性的食物和调味品，如辣椒、胡椒、姜、蒜等。

＊养成良好的排便习惯

1 排便时间要相对固定，一般可定在某一次进餐后为好。排便习惯一旦形成后，不要轻易改变，到排便的时间，即使无便意也要坚持如厕。

2 每次蹲厕所时间一般不要超过10分钟，如果一次排不出来，可起来休息一会儿再去。千万不要蹲在厕所里看书、看报，否则会增加腹压和肛门周围血流的压力，导致痔疮或加重痔疮。

3 有排便感时不要忍着，排便后，最好能用温水坐浴，以促进肛门局部血液循环，有便秘时应积极治疗。

＊适当进行一些体力活动和肛门保健

1 应防止久坐不动，提倡适当的户外活动，适量的体力活动可增强体质，促进肠蠕动而增加食欲，防止便秘，慢走、游泳都很好。

2 每日早晚可做两次提肛运动，方法是做忍大便的动作，将肛门括约肌往上提，同时吸气内收肚脐，然后放松肛门括约肌，呼气，一切复原，反复做15~30次，这样可以增强盆底肌肉的力量和肛门周围的血液循环，有利于排便和预防痔疮。

3 经常作肛门按摩来改善局部的血液循环，方法是：排便后先用温水清洗局部，再用热毛巾按压肛门，按顺时针和逆时针方向各按摩15次。

专家指导

孕期痔疮一般分娩后即可消除，如果痔疮严重，孕妈妈应及时就医；如果需要服药，应在医生的指导下服用，千万不可擅自用药。

改善坐骨神经痛的方法

坐骨神经痛是从坐骨神经开始，顺着腰部，通过臀部，最后延伸至每条腿的后侧，表现为腰部、大腿或脚有放射性、针刺样的痛楚，或者感到麻木。

坐骨神经痛通常发生在怀孕中后期，绝大多数是因腰椎间盘突出引起的，这与孕妈妈的特殊生理有明显关系：

1 孕妈妈体内分泌激素发生生理性变化，使关节、韧带松弛，为分娩作好准备，无形中使腰部的稳定性减弱。

2 胎宝宝长大使腰椎负担加重，直到分娩，如果孕妈妈的身体给予坐骨神经过多压力，就很容易引起坐骨神经痛，臀部、背部、大腿等就可能感到刺痛。

* 如果孕妈妈发生坐骨神经痛，可以尝试以下方法来改善

热敷疼痛部位

当疼痛发生时，孕妈妈可以尝试做做局部热敷，用热毛巾、纱布和热水袋都可以，热敷半小时，可减轻疼痛感觉，还可以每天在盛有温水的浴盆中浸泡疼痛部位，也可慢慢缓解疼痛。

孕妈妈可以每天用热水泡脚，也有助于缓解疼痛。

劳逸结合，多休息

防治坐骨神经痛的关键在于劳逸结合，尽量让自己舒服，避免做剧烈的体力活动，每天用舒适的左侧卧姿势睡眠，可将枕头垫在两腿间或肚子下面，每周练习几次瑜伽。

* 日常生活小细节

多注意日常生活中的细节，对于改善坐骨神经痛将很有帮助：

1 不要坐、站、走太久，工作约1小时就要休息10分钟，活动活动或轻轻伸展四肢。

2 坐的时候将椅子调到舒服的高度并在腰部、背部或颈后放置舒服的靠垫，以减轻腰酸背痛的不适。

3 任何时候都尽量将背伸直，努力做到不挺起肚子或者弯曲背部。

4 穿软底鞋，这样的鞋会防止脊柱因受震动而感到疼痛。

5 停止做一切会引起疼痛的事情，不要搬重物，如果不得不搬，先屈膝，保持背部挺直。

6 坐公车、地铁时不要害羞，主动要求坐座位，周围人也一定会理解的。

7 选用硬板床，不要睡席梦思。

孕妈妈打呼噜不能忽视

打呼噜就是打鼾，是气流通过狭窄的咽部时，咽腔软组织颤动而发出的，打鼾可分为良性和恶性两大类。

* 良性打鼾

入睡后鼾声较轻且均匀，或偶尔出现的打鼾。这类打鼾对身体并没什么害处。

* 恶性打鼾

入睡后不仅鼾声很大，而且不均匀，总是打着打着就停止了呼吸，或被憋醒，一夜反复多次发作，早晨起来感觉头昏脑涨。这类打鼾往往会带来严重的后果，影响到胎宝宝的正常发育，需要及时到医院治疗。

* 打鼾可能造成的危害

可能对胎宝宝造成的危害

1 可能出现呼吸暂停现象，导致血压上升，阻止血液从胎盘流向胎宝宝。

2 可能导致胎宝宝缺氧。

可能对孕妈妈造成的危害

1 可能会有中风或心脏病发作的危险。

2 打鼾引起的缺氧会促发或加重妊娠期并发症，同时影响胎宝宝发育。

在怀孕后期，随着胎宝宝增大，腹压增加，膈肌上抬，孕妈妈呼吸道阻力增加，肺含气容积减少，体重不断增加等因素，都会使呼吸负荷和耗氧量增加，从而加剧打鼾和孕妈妈对氧的供需矛盾，因此，孕妈妈要注意预防恶性打鼾。

* 预防恶性打鼾的方法

1 控制体重，肥胖是引起打鼾的重要原因之一。

在饮食上，必须注意膳食结构合理均衡，常吃富含维生素A、维生素C及叶酸的蔬菜水果，尽量少吃或不吃高脂高糖类食物。

2 在医生指导下进行适度的运动，既有利于维持正常体重，又有利于母婴健康。

3 尽量不要采取仰卧睡姿，应采取左侧卧姿势比较适宜。

专家指导

要特别提醒的是，烟酒和安眠药会使得打鼾加重，并且会严重影响胎宝宝的正常发育，如果通过努力仍无法防止打鼾，尤其是在孕晚期，正确的做法是请医生诊治。

胎教在生活的点滴中

欣赏国画名作《湖天春色图》

这幅国画为清代吴历所作，现藏于上海博物馆，表现的是江南水乡秀美怡人的春色：湖岸柳色新绿，带雨含烟，远山清淡，意境悠远，令人心旷神怡。既表现了春天的盎然生机，无限的生命力，同时又温润儒雅、淳朴厚重，透着翩翩君子之风。

* 胎教点读

孕妈妈欣赏该画作可以陶冶情操，让内心宁静下来，画中苍润淡雅、气韵平和的氛围能给孕妈妈带来淡泊的心绪，不以物喜，不以己悲，相信胎宝宝的情绪也能随之得到陶冶，生长得更健康、更聪敏。

动脑时间——七巧拼板的百变魅力

七巧板又称“益智图”“智慧板”，是一种拼图游戏，起源自宋朝，简简单单的七块板能拼出千变万化的图形，不仅能拼几何图形(三角形、平行四边形、不规则的多角形等)，还能拼出各种可爱逼真的形象，如猫、狗、房子或是中、英文字母符号等。

七巧板可以自己制作，制作方法很简单：

* 需要准备的材料

笔(需要有不同颜色的画笔)、尺、剪刀、一块纸板。

* 制作步骤

1 首先，在纸上画一个正方形，把它分为十六个小方格。

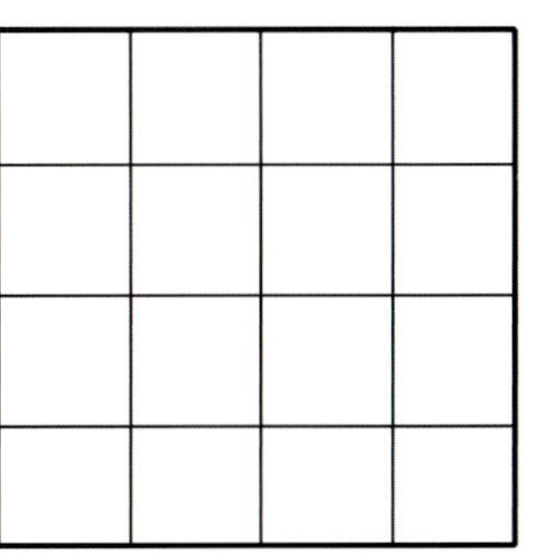

❷按下图所示画线。

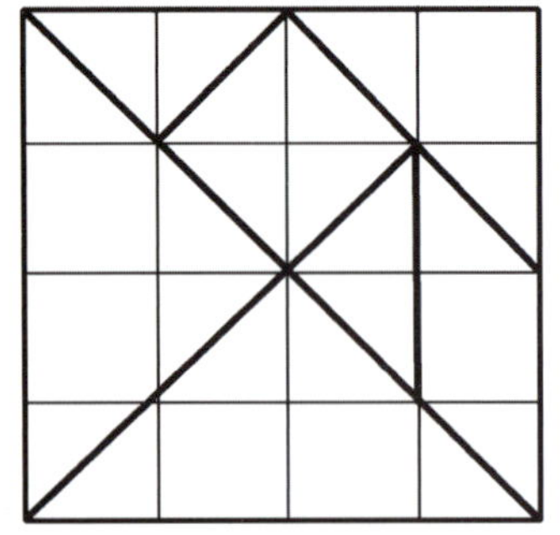

❸把它们涂上不同的颜色并沿黑线剪开，就可以拥有一副全新的七巧板了。

以下是2种漂亮的拼图图案，分别是：小房子、小猫咪。孕妈妈不妨也动手一试，据说七巧板能拼出超过1600种图案，孕妈妈可以和胎宝宝探索一下，看看你们能拼出多少种。

＊胎教点读

七巧板对胎宝宝的思维力、想象力、图形分析、创意逻辑等方面有很好的锻炼作用，是开发智力的一种好工具。

电影工作者还拍过一部动画片，里面所有的背景、人物、图案都是用七巧板拼出来的，堪称一绝。孕妈妈也可以借鉴这条经验，用七巧板来讲故事给胎宝宝听，将数十幅七巧板图片连成一幅幅连贯的图画，再根据图画内容说给胎宝宝听，相信这样生动的故事胎宝宝一定很爱听。

朗诵诗歌《请回答我，七月》

请回答我，七月
哪里有蜜蜂
哪里有干草
哪里有羞红的面孔
啊，七月说
哪里有种子
哪里有蓓蕾
哪里有五月
请你，回答我
哦，五月说
让我看看雪飘
让我看看风铃
让我看看小鸟
小鸟它也在问
哪里是玉米
哪里是迷雾
哪里是浆果
岁月说，都在这里

＊胎教点读

这首诗是美国著名诗人艾米莉(1830—1886)所作，她是美国文学史上最伟大的诗人之一，诗人对大自然充满了好奇，用富有感情的想象向七月发问，七月也有很多疑问，五月和小鸟也想知道更多，最后诗人用智慧的语言道出大自然的真谛：一切都在岁月中。

让胎宝宝也领略一下诗人珠辉玉丽的诗句吧，从诗人独具特色的句子中，相信胎宝宝也能感受到深厚的情感，以及人生与自然的智慧。

生产球运动示范

＊生产球的好处

生产球通常是在产妇待产时，为了转移其注意力、减轻子宫收缩的疼痛感，同时训练身体的肌肉，以帮助生产过程顺利而有的辅助运动。由于生产球材质柔软，可帮助孕妈妈身体放松，因此除了在待产时可以做生产球运动之外，平时在家孕妈妈也可以使用生产球来放松身体、调节呼吸，当然也可以用来训练肌肉，来帮助之后的生产哦！

开始前的小叮咛

有的厂商所制造的生产球，会另附一个固底圈，让生产球使用时更加安全稳定。不过，即使没有固底圈，只要孕妇重心放低坐稳，或一手扶住床沿等把手，一样可以放心使用哦！

＊生产球使用五种示范动作

1 调节呼吸：一手扶住床沿，坐在生产球上，然后将注意力放在自己的呼吸上，慢慢地吸气、吐气，找出让自己感到最放松的呼吸频率。

2 背部放松：将圆球靠墙，然后坐在地上，双腿放松伸直、背靠圆球，这样有助于全身放松，亦可借由背部施力于球，达到背部肌肉的训练。

3 俯卧放松：双膝高跪，身体放松趴在圆球上(找到让自己感到最舒服的姿势即可)，这样做除了让身体舒缓之外，重力原理亦有助胎头朝下，帮助生产。

4 圆周运动：一手扶住床沿，坐在生产球上；然后其中一腿弯曲，另一腿伸直。弯曲的那只腿开始做膝盖旋转动作，可活络肢体，有利于循环；伸直的那只腿则是可以舒展到大腿内侧及骨盆底部的肌肉，有助生产。30秒后(可视个人状况调整时间)，再两腿互换交替做。

5 训练肌肉：将圆球放在背部与墙壁之间(可请家人帮忙)，姿势调稳之后，就慢慢地往下半蹲，再慢慢地往上移动、恢复站姿。这个动作可以训练背肌，以及臀部、大腿和小腿的肌肉，有助于生产过程使力。专家提醒，孕妈妈不需要蹲太低，适可而止即可，不要太勉强或是让自己感到不适。

＊注意事项

在做生产球运动时，最重要的就是要“稳”，注意安全。因此建议孕妈妈在使用生产球时，重心要放在下半部，以维持平衡哦！

自制南瓜小点心，好味道不止一点点

这道南瓜小点心绝对能给孕妈妈和胎宝宝带来特别的惊喜，不仅是金黄的小南瓜模样惹人喜爱，更赞的是其味道，不仅能让孕妈妈和胎宝宝品尝到正宗的南瓜味，而且其味甘甜糯软，非常令人回味，这道别致的小点心做起来也不难，大约半个小时就能出炉。

心动了吧？孕妈妈快动手来做一做，帮助胎宝宝捕捉南瓜好味道，让美食的艺术继续下去，按下面的步骤来，相信作品很快能呈现在眼前了。

* 需要准备的材料

黄瓤小南瓜200克，糯米粉120克，白糖2大匙(30克)，红豆沙80克，葡萄干2小匙(10克)。

* 制作步骤

1 小南瓜削去外皮，洗净，切成小块，入蒸锅大火蒸20分钟，取出后用小勺碾成泥，放凉备用。

2 将糯米粉和白糖放入南瓜泥中，揉匀，制成南瓜面团。

3 将南瓜面团均分成小块，揉圆后按扁，包入少许红豆沙，然后收口，搓成圆球状，并稍稍压扁，呈扁圆形。

4 用小刀背在整好形的南瓜面团上压出瓣状纹路，做成小南瓜，在小南瓜顶上插入1枚葡萄干，装饰成南瓜蒂。

5 将小南瓜入笼大火蒸约6分钟即可。

* 让孕妈妈锦上添花的妙法

若要让成品色彩更靓丽，可在蒸制前在南瓜面团上刷一层薄薄的油，或者将适量的绵白糖加水小火炒成糖色，浇到蒸好的南瓜小点心上。

用腹式呼吸法，保证空气足够新鲜

妊娠第7个月后，胎宝宝的重量会超过1000克，身长约38厘米，这时，子宫内的空间对胎宝宝来说太狭窄了，孕妈妈最好多运用腹式呼吸法，给胎宝宝提供足够的新鲜空气。

* 腹式呼吸法的更多好处

1 会使人体受刺激分泌微量的激素，使人心情愉快。孕妈妈这种愉悦的心情也会影响胎宝宝，使胎宝宝感觉很舒服。

2 多数孕妈妈在进入孕晚期后都有胸闷、喘气困难的感觉，从现在起多练习腹式呼吸法，可以起到缓解不适的作用。

3 学会正确的腹式呼吸法后，在生产或阵痛来临时，也可以用腹式呼吸法来进行放松，缓解紧张的心理。

* 腹式呼吸法正确的做法

1 孕妈妈背部挺直，全身放松，双手轻放在腹部，想象胎宝宝正居住在一个宽广的空间里，慢慢地用鼻子吸气，直到腹部鼓起为止，吐气时慢慢地将体内空气统统吐出去。

2 每天练习不少于3次。

3 在每一次练习前，孕妈妈可以轻轻地告诉胎宝宝：宝宝，妈妈正在把新鲜的空气传送给你，你感觉到了吗？这样的反复练习一定会事半功倍的。

专家指导

当觉得呼吸有困难或没有起到作用时，孕妈妈最好请专业的医生作示范，以免方法错误带来麻烦。

体会种子发芽的感动

人们大多喜欢绿色植物，喜欢各种漂亮的植物，却很少会关注它们的种子。殊不知，世界上大多数植物都是由种子发育而来的，种子发芽就好比生命的孕育。培育一粒种子，看着它一点点发芽，相信这种感觉一定非常棒，每天都会期待更多的惊喜，等待种子发芽的秘密，这与期待胎宝宝的出生有异曲同工之处，相信你会被生命的意义所感动。

那么，带着胎宝宝一同去培植一颗种子吧，用一颗感动的心，用孩子的好奇心，带着胎宝宝去探索生命的秘密，也给孕期的生活创造一些小小的乐趣，说不定胎宝宝也会因此爱上园艺，成为一个了不起的园艺师呢。下面我们给出培植黄豆苗和荔枝种子的过程，供孕妈妈参考：

* 培植黄豆豆苗

1 挑选一把成熟饱满的黄豆，用清水浸泡2~3天，每天换水1~2次。

2 待黄豆发芽后，把它们放到敞口玻璃瓶中，不要再加水浸泡。

3 每天用喷壶把豆芽喷湿。

4 几天后，绿绿的叶子就会伸出瓶口来了，这就是常说的生豆苗。

* 种荔枝

1 把果核充分洗净，用清水浸泡7天，每天换水。

2 待果核发芽后，把它们移植到花盆中，注意发芽的一端要朝上露出土面。

3 几天后，一盆别致的绿色植物就长出来了。

专家指导

桃子、苹果、橘子、橙子、地瓜等的种子都能够发芽。它们所需要的条件大致相当，孕妈妈可以参考以上培植方法进行培植。

孕期瑜伽——肩转动练习

这里给孕妈妈介绍一种消除肩膀紧张感和酸痛感的孕期瑜伽——肩转动练习。

在做之前，先要熟悉胜利式呼吸法。其要点是，叹口气好像对着玻璃哈气一样，双唇闭合，呼吸的重点放在咽喉而不是鼻子，呼气时间比吸气时间稍长，避免储存过多氧气，以免引起头晕。

接下来，可以开始练习瑜伽了：

1 在舒适的位置坐好，用胜利式呼吸法吸气呼气各1次，再吸气。

2 缓慢地将肩膀向前移动，然后带动肩膀向上移动。

3 呼气，肩胛骨向后挤压。

4 然后肩膀下拉，恢复正常姿势。

5 重复1~4步3次。

6 肩膀朝相反的方向转动4次，也就是吸气时肩胛骨先往后拉，然后向上运动，呼气时肩膀向前转动然后恢复正常。

孕期体操——抬腿

孕妈妈这个阶段腿脚很容易水肿，可以试着练习抬腿运动：

1 孕妈妈仰卧，平躺于床上，双腿放平，两手放于身体两侧，平静地呼吸。

2 右脚向上弯曲，然后右腿向右边打开。

3 重复第2步4次，放回原位。

4 换左脚，同样动作重复4次，放回原位。

5 孕妈妈起身，跪在床上，双手尽量前伸，然后跪着趴下来，这样趴可以不碰着肚子里的宝宝。

6 抬起右腿伸直，然后尽量向外打开，收回，重复4下。

7 换左腿，按第6步操作。

8 略微休息，抬起一条腿，伸直，向上抬腿，收回，重复4下。

9 换腿，按第8步操作。

10 孕妈妈慢慢起身，左侧卧。

11 右腿向上抬，收回，重复4下，换边换腿继续。

12 平躺，慢慢呼吸，结束。

为胎宝宝钩织一双漂亮的小鞋子

钩织鞋子对孕妈妈来说，是一项具有一点点挑战性的手工活动，对手部精细动作能力以及整体部署能力、创新能力都能起到锻炼作用，也能让胎宝宝得到更多的挑战。最重要的是，钩织鞋子还能让胎宝宝感受到孕妈妈的耐心和爱心，将来这也是一份送给宝宝的好礼物。

下面，我们就为孕妈妈介绍一种钩织漂亮宝宝鞋的方法：

* 需要准备的材料

棉线，钩针。

* 制作步骤

1 起12针辫针。

2 两头各加3针。

3 白线处隔1针加1针。

4 左边白线处隔1针加1针，右边白线处隔针加1针。

5 内围黑点处加针，钩半圈，不断线，然后回头钩半圈，外围黑点处加针。

6 整钩一圈。

7 完整钩一圈，箭头处加针，完成底部。

8 在底边挑钩一圈。

9 挑钩的底边下一层上钩辫针，隔1针钩两针小辫，立起接钩两针长针到下一花形处，钩一圈。

10 在挑钩的一圈上加钩两圈长针。

11 5针长辫围1圈，然后16针长针1圈，接着每针加1针，最后3/4圈短针隔4针加1针，箭头处长针3针。

12 将做好的鞋盖上到鞋帮上，然后将鞋筒挑长针1圈，可以挑上喜欢的花边。

准爸爸做胎教

为孕妈妈拍几张孕期漂亮照

怀孕的女人是最美丽的，孕妈妈在第7个月时肚子比较完美，水肿逐渐消失，是留下孕期照的好时机，准爸爸可以帮孕妈妈留下这一刻的美丽。

如果准爸爸是个摄影发烧友，或是有拍照基础，不妨自己为孕妈妈拍，这可以免去很多奔波劳苦。最重要的是准爸爸比较了解孕妈妈，可以随时拍出漂亮照片，过程也会很顺利。

准爸爸还可以陪孕妈妈去影楼拍摄，影楼拍摄比较专业，但是需要等待时机，孕妈妈要提前作好准备。

* 拍摄孕期照时用得上的经验

1 头天晚上7点后不要喝水，以免第二天眼睛水肿。

2 要准备一双舒服的鞋子，不然摆造型时会很累。

3 去孕妇专卖店淘一件隐形内衣。

4 拍照前一天用黄瓜捣碎加少许蜂蜜敷脸，可以让脸更光洁，而且不会过敏。

5 头一天晚上不要洗头发，不然第二天头发蓬松不容易弄造型，应提前一天洗。

6 拍照当天要吃饱，但不能吃撑。

7 服装和道具最好不使用影楼公用的那种，可以自带，一般孕妈妈穿鲜亮的颜色拍照都很好看，中间色效果也很好。

8 拍摄中要放松心情，如果不喜欢别人给做的造型或给出的拍照姿势，一定要当即提出，否则会影响拍照情绪，

拍出的效果也会受到影响。

9 每个人的脸都有一个最佳拍摄角度。影楼的摄影师是流水作业，可能不会去认真帮着找出来。准爸爸可以多给孕妈妈拍不同角度的照片，找出这个角度，让照片更漂亮。

10 有的摄影师为了追求效果，会在孕妈妈的肚皮上彩绘，一定要注意涂料的质量问题。我们建议孕妈妈最好不进行彩绘，以免影响到胎宝宝。

专家指导

准爸爸不用担心照相会对胎宝宝产生不良影响。照相的感光过程甚至闪光过程都不会产生有害射线，几乎不会对胎宝宝和孕妈妈造成影响。

准爸爸要多抚摸胎宝宝

准爸爸用手在孕妈妈的腹壁轻轻地抚摸胎宝宝，可以引起胎宝宝触觉上的刺激，促进胎宝宝感觉神经及大脑的发育，经常受到抚摸的胎宝宝，对外界环境的反应也比较机敏，出生后翻身、抓握、爬行、坐立、行走等大动作能力发育都能明显提前。

准爸爸可以用抚摸的方法和胎宝宝玩游戏，下面介绍一种游戏方法——踢肚游戏，就是准爸爸用手掌轻轻地拍击胎宝宝以诱引他用手推或用脚踢来回击，具体方法是：

1 胎宝宝踢肚子时，准爸爸轻轻拍打被踢部位几下。

2 一两分钟后，胎宝宝会在拍打的部位再踢，这时再轻拍几下，接着再停下来。

3 改变部位，准爸爸再轻轻地拍打腹部几下，不过改变的部位离上一次被踢部位不要太远。

4 一般1~2分钟后，胎宝宝会在改变后的部位再次踢。

5 每天进行两次，游戏时间不宜过长，一般每次10分钟左右即可。

要注意的是，准爸爸在进行抚摸胎教的时候，动作要轻柔，不宜过度用力，孕妈妈如果有不良产史，如流产、早产、产前出血等情况，不宜玩这种胎教游戏。

专家指导

准爸爸可以通过抚摸的动作配合声音，与腹中的胎宝宝沟通，说话的时候注意声音要温柔，这样可以使胎宝宝有种安全感，使他感到舒服和愉快。

第8个月

和妈妈的相处越来越融洽

本月胎教要点

8个月的胎宝宝活动十分有力，孕妈妈可以感觉到强烈的胎动，此外，胎宝宝的听觉功能完善，对外界声音反应灵敏，对话、朗读、音乐、唱歌等胎教内容显得越来越重要。

在怀孕第8个月，孕妈妈的胎教重点是：

＊多和胎宝宝轻柔地谈话

胎宝宝现在能够区别高低声音，不妨经常跟他说说话，胎宝宝熟悉后，就会对各种声音作出反应。一旦胎宝宝出生，就会十分自然地对父母的声音产生亲切感。

＊播放节奏明快的乐曲

节奏明快的乐曲与母亲的心跳节律相似，胎宝宝听了也会随之活动。实践证明，胎宝宝出生后，对于这种具有明快节奏适合胎教的音乐特别喜欢，往往会停止哭闹，很快地安静下来。因此，孕妈妈可以经常听一些节奏明快、流畅、抒情的音乐。

＊亲切地抚摸、触动

抚摸、触摸可激发胎宝宝在母体中运动的积极性，感受到父母的爱抚。

＊创造和谐、愉悦的氛围

一个和睦、安谧的环境，能让胎宝宝感受到父母的一片爱心，使其处在平和、愉悦的氛围中。再加上生活有规律、营养充足、劳逸适度，就能确保胎宝宝良好的生理和心理状态。

“妈妈，我上个月很乖吧，我没有乱动哦，每天吃得饱饱的，晚上会按时睡觉。你看，我现在真的长成了一个胖娃娃，日子过得很舒服，而且我现在不仅听得见，还看得见，天哪，我那天睁眼后看见自己的脚竟然顶在房子的天花板上，才意识到‘房东’真的没有骗我，我长大的速度确实比房子扩建的速度快多了，再这样下去，房子很快就容不下我了，这可不行，我还不想出去呢，好日子才这么短，我还想和妈妈多相处一阵子。”

“我决定，暂时不出去了，大不了我蜷曲一下，总可以待一段时间了吧，我想到了一个好办法，房子只有一个小小的出口，在妈妈的盆腔里，我可以倒转身体，用我的大脑袋把它堵起来，这样谁也赶不走我了，妈妈，我觉得自己真是太聪明了，对，就这样办！”

＊胎宝宝在发育

现阶段宝宝的头臀径约25~28厘米，体重约1.5~1.8千克，皮肤皱皱的，脸部也变得清晰，活动力旺盛，动作大时孕妈妈的肚子也会跟着动。

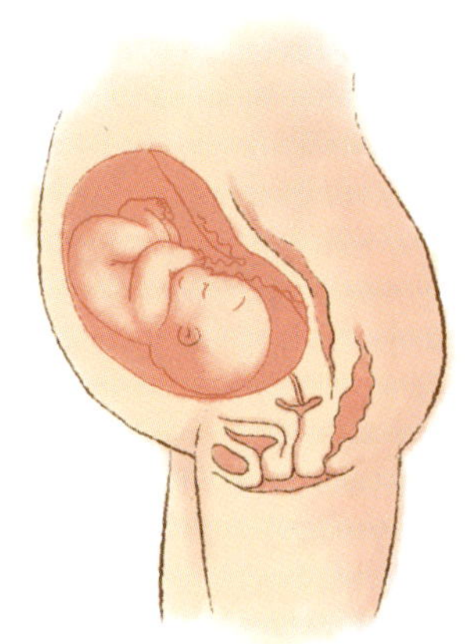

孕妈妈需要了解的

进入孕晚期，孕妈妈要保证睡眠质量

有研究表明，孕晚期的睡眠质量是整个孕期中睡眠质量最差的，主要有以下几个方面的原因:

＊怎么样都不舒服

原因

主要是由于腹部已经太大，无法再做到舒服地躺下。

对策

孕妈妈可以向左或右侧卧，并将枕头夹在两腿中间，以及垫在背后，如果这些都没有作用，可以找一张舒服的躺椅。另外，用些东西垫在背部支撑一下，会睡得好些。

＊膀胱再次受到压力

原因

腹中不断生长的宝宝挤压到了膀胱，让孕妈妈不断地想要去卫生间。

对策

从傍晚开始就少喝水，并且每次去洗手间时尽量排空膀胱。

> **小提示**
>
> 小便时身体向前倾斜有助于排空膀胱。

＊胃灼热以及其他影响睡眠的因素

原因

胃灼热、腿抽筋、打鼾以及胎宝宝的踢腾扭动，都可能导致孕妈妈半夜醒来。

对策

孕妈妈不要太惊慌，研究证明，大多数孕妈妈在孕晚期都难以得到更多的深度睡眠，把这

些经历当做是一次彩排，积极地缓解那些影响睡眠的因素。

* 睡觉多梦，甚至做噩梦

原因

这是心理压力大的原因，特别是有的孕妈妈信心不足，担心不能顺利生产、宝宝不健康及以后难以抚养等。

对策

孕妈妈要多与其他妈妈交流，多学一些相关知识，加强自信，摆脱烦恼，从而保证睡眠。

* 孕妈妈可能用得上的更多建议

睡前2小时内不要大量吃喝。

睡前不要做剧烈运动或令人兴奋、劳累的事情。

可以冲个热水澡，喝杯自己喜爱的热饮料(如牛奶)。

如果努力入睡却怎么也睡不着，不如干脆起床，做点事情，可以读读书，听听音乐，看看电视，写写信、电子邮件等，但不要太兴奋。

专家指导

值得欣慰的是，孕晚期也是孕妈妈了解并掌握胎宝宝睡眠习惯的大好时机，经历这个阶段后，孕妈妈能更好地适应胎宝宝的习惯，从而使月子期能得到更好的睡眠。

了解早产，预防胎宝宝提早出世

在怀孕满28~37周之间(第8~9个月)发生的分娩称为“早产”，在此期间出生的体重1000~2499克、身体各器官未成熟的新生儿，称为“早产儿”。早产儿不仅体重小，而且生存能力差，体温调节功能不良，呼吸功能、消化功能及免疫功能均差，很容易发生感染。

* 早产原因

早产发生的原因仅有50%可以探知相关因素，这些因素包括：

1 感染。这是早产的重要原因，感染的来源是宫颈、阴道的微生物，部分来自宫内感染。

2 子宫过度膨胀。双胞胎或多胎妊娠，羊水过多可使宫腔内压力增高，发生早产。

3 子宫颈口关闭不全。孕中期时，宫颈口被动扩张，因张力改变以致胎膜破裂，发生胎膜早破而致早产。

4 子宫发育不全。子宫畸形均因子宫发育不良而导致晚期流产或早产。

5 心理压力过大。孕妈妈心理压力越大，早产发生率越高，特别是紧张、焦虑和抑郁与早产关系密切。

此外，早产还与妊娠并发症、孕期劳累颠簸、内分泌紊乱、吸烟、饮酒、吸毒等密切相关。

* 早产预防在先

要预防早产，应在孕前就与医生密切配合，找出导致早产的危险因素，孕期要定期产检，评估是否有早产倾向，以便尽早发现问题，采取应对措施，我们建议孕妈妈多注意以下几方面：

1 积极治疗生殖道感染。患有生殖道感染疾病时，应该及时请医生诊治。

2 避免劳累和外来刺激。孕晚期最好不要长途旅行，避免路途颠簸劳累；不要到人多拥挤的地方去，以免碰到腹部；走路，特别是上下台阶时，一定要注意一步一步地走稳；不要长时间持续站立或下蹲；孕晚期须禁止性生活。

3 保持良好生活和心理状态。改善生活环境，减轻劳动强度，增加休息时间；保持心境平和，消除紧张情绪，避免不良精神刺激；摄取合理的、充分的营养，孕晚期多卧床休息，并采取左侧卧位，减少宫腔内向宫颈口的压力。

4 关注自己的健康。如果孕妈妈患有心脏病、肾病、糖尿病、高血压等并发症，应积极配合医生治疗；有妊娠高血压综合征、双胞胎或多胎妊娠、前置胎盘、羊水过多症等情况的孕妈妈，一定要遵医嘱，积极做好自己孕期的保健工作，及时发现异常，并尽早就医。

专家指导

孕妈妈要认识早产的征兆，若未满孕周而出现“见红”，并伴有规律宫缩、持续性下腹痛、后背酸痛、阴道有温水样的东西流出等异常情况出现，应先放松心情，卧床休息，并及时与医生取得联系，尽早去医院检查。

矫正胎位不正的方法

当准备出生的时候，胎儿的头会朝下，屁股会在上面。这样子出生的时候，胎头才会先冒出来，老一辈的人说“头过，身就过”，就是这个意思。但是有些胎宝宝接近预产期了，还是没有将头转到孕妈妈的骨盆腔来，这时候就有点麻烦了！此时跟你的妇产科医生沟通，讨论应该采取的措施，就很重要了！

* 胎位不正包括哪些

胎位不正指的是头不在最低的位置，可能是屁股在最低位，称为臀位；脚在最低点，称为足位；肩膀或手在最低点，称为横位，这些通称为胎位不正。

还有些状况是，胎头进入骨盆腔后，才能发现的胎位异常，包括脸在下方的颜位、额头在下方的额位、枕骨朝向孕妈妈屁股的枕后位，这些还会

让阴道生产发生困难，但是因为无法事先预知，所以不在这次的讨论范围。

* 胎位不正的原因

目前并不很清楚，只知道在某些状况下，胎位不正的比例会比较高一点，这些情形包括：第二胎以上、多胞胎、羊水太多或太少、子宫形状受到扭曲(例如有肌瘤)、前置胎盘、不足月的胎儿。也有些报告指出，胎位不正的胎儿，有先天性缺陷的机会会稍微提高一点。

* 如何知道自己胎位正或不正

大部分的孕妇在后期的产检中，都会被告知胎位是否正常。但是还是有些胎儿是无时无刻在变换位置的，那么我们怎么知道小宝贝有没有偷偷地变换位置呢？如果在肚脐上方摸到一颗硬硬圆圆的东西，就要怀疑胎头在上面；内诊检查时，如果没有摸到硬硬的头盖骨，也要怀疑胎位不正；胎心音监测时，听到心跳的位置过高，也得特别注意。这些时候都要再用超声波作个确认。

转正胎位方法：抬骨盆可能有效

如果已经胎位不正了怎么办？有几种方法可以尝试看看。怀孕7个月过后，可以尝试借由姿势改变来矫正胎位的方法，如膝胸卧式，借由趴着、屁股抬高，让骨盆腔提升，有些人会建议膀胱如果能够胀起来，效果会更好；或是躺着，把屁股垫高也是另一种提升骨盆腔的方法。

虽然这些提升骨盆的方法，没有什么特别的禁忌证，最终胎位不正的概率并没有明显降低，但是比起什么都不做的好，所以只要没有早产或出血，或其他身体的不适，怀孕7个月后可以开始做，但是若到了9个月大还是没有转下来，就要考虑其他更积极的方法了！

* 还是胎位不正，可能得剖宫产

在预产期之前，胎儿的位置会上上下下转好几次，到了36周之后，因为胎儿变得比较大，相对羊水量较少，空间会明显不足，再改变位置的机会就不大了。

大约有3%~4%的足月宝宝是胎位不正，虽然大部分的宝宝经由阴道生产也会很顺利，但是还是会有些特别的状况会不预警的发生在胎位不正的宝宝身上。所以如果已经要出生了，还是胎位不正，目前的证据显示，单胞胎足月的臀位宝宝，除非来不及，否则应该以剖宫生产为优先考量。

* 结语

还没有足月时，可以考虑膝胸卧式或是抬臀，足月后只要不在禁忌证里面，可以跟医生讨论看看外转过来的机会大不大。尝试过后，如果还是胎位不正，剖宫生产是比较安全的选择。

是什么原因造成了难产发生

难产就是异常分娩，不能顺利地将宝宝生下来。难产不仅伤害孕妇的身心健康，而且对胎宝宝的生命安全也是一种威胁，在分娩过程中，有四个因素影响着分娩：产力、产道、胎宝宝的情况以及孕妈妈的状况，这四个因素之中有任何一个出现问题，都有可能造成难产。

＊产力

产力就是指将胎宝宝和胎盘等自子宫内逼出的力量，其中最主要的是子宫肌肉的收缩力量。正常的宫缩有一定的节律性，并且临近分娩时逐渐增强。宫缩不管是过弱还是过强，都有可能造成难产。

＊产道

产道是指胎宝宝分娩时的“通道”，它主要是由孕妈妈的骨盆大小以及形状所决定的，也就是通常所说的骨产道。当然孕妈妈的软产道也很重要，软产道包括子宫、子宫颈、阴道及外阴等。两者中有任何一种异常，都会造成难产。

＊胎宝宝情况

在骨盆和产力正常情况下，如果胎宝宝在孕妈妈子宫中的位置不正常，或者胎宝宝在宫内生长发育得过大，以及各种畸形等情况都会影响正常的分娩过程，必须及早发现并及时处理。

＊孕妈妈的情况

如果孕妈妈对分娩中所要面临的“挑战”没有心理准备，或是对分娩过程存在过度的恐惧心理，不能好好地配合医生，那么在分娩过程中就很容易造成孕妈妈自己心力交瘁，从而造成难产。

另外，孕妈妈如果在孕期营养过剩，导致胎宝宝生长过大，形成巨大胎宝宝，也会增加难产的发生率。

专家指导

为了避免难产的发生，产前检查非常重要，孕妈妈要坚持进行骨盆的测量和胎位的测定，一旦有难产发生的可能，医生会及时进行检查并找出发生难产的原因，给予相应有效的处理，把一些引起难产的因素消灭在萌芽之中，所以孕妈妈不必有太大的心理压力。

怎样增加顺产的概率

顺产是最安全最有益于孕妈妈和胎宝宝的分娩方式，应尽量创造条件顺产，下面是几条顺产良方，可帮助孕妈妈增加顺产的概率。

1 在24~29岁间生产

处于这一年龄段的女性顺产可能性较大。年龄越大妊娠与分娩的危险系数越高，产道和会阴、骨盆的关节变硬，不易扩张，子宫的收缩力和阴道的伸张力也较差，以至于分娩时间延长，容易发生难产，这也是许多高龄产妇选择剖宫产的原因。

2 孕期合理营养，控制体重

理想的体重为：孕早期增加2千克，孕中期和孕晚期各增加5千克，前后共12千克左右为宜。如果整个孕期增加20千克以上，就有可能使胎宝宝长得过大，分娩时无法顺利通过产道，只能依靠手术了。

3 适当运动

适当运动不但有利于控制孕期体重，还有助于顺产，它可以缩短产程，降低难产概率。常运动的孕妈妈通常可以维持体能及心肺功能在一定水准上，对产痛的承受也就比较好，但不要选择激烈的项目，一般孕期体操和瑜伽都可以。

4 定时作产前检查

定期作产前检查便于医生早期发现问题，及早纠正和治疗，使孕妈妈和胎宝宝能顺利地度过妊娠期和分娩，比如遇到胎位不正时，可以及时矫正，从而不影响顺产。

5 对顺产有信心

要提前作好心理准备，多阅读一些这方面的书籍，了解顺产的过程和应对方法，要保持稳定的心情，相信在医生和助产士的帮助下自己会安全、顺利地度过分娩，迎接宝宝的来临。

6 作好分娩前的准备

预产期前几个月，孕妈妈应通过医生或书本来了解有关分娩的知识，作好心理准备，一旦宫缩开始，积极配合医生。保持正常的生活和睡眠，吃些营养丰富、容易消化的食物，如牛奶、鸡蛋等，为分娩准备充足的体力。

胎教在生活的点滴中

用身心将美的感受传递给胎宝宝

“美”所包含的内容很广，如造型艺术的美、文学艺术的美、大自然的美等。我们生活的这个世界里到处充满了各种各样的美，我们通过看、听体会享受着这美的一切。

孕妈妈将美的感受用身心传递给胎宝宝就是美学胎教，到这个月份，胎宝宝初步的意识萌动已经建立，孕妈妈可以多进行比较抽象、立体的美学胎教。可以经常进行的美学胎教有：

* 形体美

主要指孕妈妈本人的气质。首先孕妈妈要有高雅的情趣和良好的道德修养，举止文雅，具有内在的美。其次颜色明快、合适得体的孕妇装束，干净利索的头发，更显得人精神焕发。

* 音乐美

美好的音乐能够使孕妈妈心旷神怡，浮想联翩，从而使其情绪达到最佳状态，并通过神经系统将这一信息传递给腹中的胎宝宝，使其深受感染。安静的音乐能够给胎宝宝创造一个平静的环境，让他在躁动不安中安静下来。

另外，悦耳怡人的音响效果能激起孕妈妈植物神经系统的活动，由于植物神经系统控制着内分泌腺，使其分泌出许多激素，这些激素经过血液循环进入胎盘，使胎盘中有利于胎宝宝健康的化学成分增多，从而激发胎宝宝大脑及各系统的功能活动。

* 大自然美

自然美能陶冶孕妈妈的情感，对孕妈妈自身和胎宝宝的心理健康是非常有益的。美好的大自然给孕妈妈带来欢乐，对孕妈妈和胎宝宝都是一种难得的精神享受，也是胎教的一种形式，孕妈妈应多到大自然中去饱览美丽的景色。

* 提高美学修养

孕妈妈应在学识、礼仪、审美、情操等各方面去提升审美感受，比如孕妈妈会被一些优美的言语、引人入胜的文学作品所吸引，从中感受到大自然母亲般的胸怀，从描写中体会到世界的温馨，这不仅可以使孕妈妈本身得以充实、丰富，同时熏陶了腹中的宝宝，让他也感受这诗一般的语言、童话一样美的语境，而且还会刺激胎宝宝快速地生长，使其大脑发育得更好。

这种美学修养的提升会使

胎宝宝事先拥有朦胧美的意识，出生后一般比较聪慧、活泼、可爱，胎宝宝与孕妈妈的关系会因此而倍感亲密。

专家指导

孕妈妈在怀孕期间的所作所为都可以看做是美学胎教，会影响到胎宝宝出生后的性格、习惯、道德水平、智力等各个方面，因此孕妈妈要尽量将自己好的一面表现出来。

宁静下来，在心里描绘胎宝宝的模样

进入孕晚期，离分娩越来越近，孕妈妈反而比以往更紧张，心理压力很大，这对胎宝宝的发育非常不利，宁静愉悦的心绪是孕妈妈特别需要的，多想想胎宝宝漂亮的模样，这会减轻孕妈妈的心理压力，让孕妈妈的注意力集中到积极的情绪上来。

孕妈妈在脑海中多幻想胎宝宝的模样：眼睛、嘴巴、眉毛还有小家伙欢快地从睡眠中醒来，伸脚、动手、打哈欠、伸懒腰那活泼可爱的样子，他有着准爸爸宽阔的额头、俊俏的剑眉，孕妈妈善于传情的大眼睛、高高的鼻梁、轮廓分明的嘴唇等，结合B超照片想象，让胎宝宝的模样清晰起来，这种美好的想象和期待能让心情迅速平静下来，让自己处于一种愉快的心境中。

专家指导

在一遍遍想象胎宝宝的模样后，还可以为他做一个形象设计，将未来小宝宝的形象用笔画出来，或者用电脑软件合成出来，这不仅能促成想象成果，而且能令胎教效果更好。

正是教胎宝宝识字的好时机

学习认字能够更好地促进胎宝宝的大脑发育，而且认字能增加宝宝的词汇量。有研究证实，宝宝日后的阅读能力并不取决于更早地阅读，而是词汇量的多少，词汇量越大阅读能力越好，这个时期胎宝宝学习能力比较强，是教胎宝宝认字的好时机。

孕妈妈可以用一些带有底色的纸片，用不同颜色将各种字写在纸片上，卡片的底色与卡片上的字分别要用对比度鲜明的颜色如黑与白或红与绿等，一开始可以教一些笔画简单的汉字，如“人”“山”“大”“日”“月”等，以便于胎宝宝记忆。

孕妈妈在教授时应该集中注意力，就像教小学生识字一样，一边用手描绘字的轮廓，一边准确发音，告诉胎宝宝字的形状、意义等，比如教“日”时,告诉胎宝宝“日”是指“太阳”，把空中的太阳指给胎宝宝看等。每天抽时间定时并反复地练习，久而久之形成对胎宝宝识字能力的培养。

讲故事《小猪猪请客》

小猪猪有两个好朋友，小猫猫和小狗狗。有一天，小猪猪对小猫猫和小狗狗说：“你们明天来我家一起玩吧，妈妈给我买了个新玩具。”两个小伙伴满口答应。小猪猪回去之后就想，明天我做什么好吃的给我的好伙伴们呢？小猪猪想了想终于有了主意。

第二天，小猫猫和小狗狗来了，小猪猪很热情地欢迎它们，拿出了妈妈给他新买的玩具——一个会唱歌的球，看得小猫猫和小狗狗可好奇了，小球真好玩，一咕噜滚起来就会唱歌，还有五颜六色的灯在闪呢。三个好朋友围着小球玩作一团，咯咯地笑。

到了吃饭饭的时候了，小猪猪拿了小猫猫最喜欢的鱼，给小狗狗的呢，是新鲜的肉骨头。两个好朋友都说："谢谢小猪猪，知道我们最爱吃的东西。"小猪猪呵呵地笑着说："我们是好朋友嘛。"这一天，三个小伙伴玩得真开心。

* 胎教点读

这个故事简短浅显，可教给胎宝宝的都是实实在在的好礼仪、好品德，小猪猪给胎宝宝树立了一个不自私、和好朋友一起分享玩具的好榜样，从故事中胎宝宝还能了解小猪猪的朋友有什么特点，比如小猫猫爱吃鱼，小狗狗爱吃骨头，不仅能学会分享，还能增长知识。

孕妈妈记得用欢快的语气为胎宝宝讲这个故事，令胎宝宝心情愉悦，这样胎宝宝就明白这个故事是值得听的，会激发他认真听的劲头。

朗读诗歌《亲爱的三月，请进》

亲爱的三月，请进
我是多么高兴
一直期待你光临
请摘下你的帽子
你一定是走来的
瞧你上气不接下气
亲爱的，别来无恙，等等，等等
你动身时自然可好
哦，快随我上楼
有许多话要对你说
你的信我已收到
而鸟和枫树，却不知你已在途中
直到我宣告，他们的脸涨得多红啊
可是，请原谅，你留下
让我涂抹色彩的所有那些山山岭岭
却没有适当的紫红可用
你都带走了，一点不剩
是谁敲门？准是四月
把门锁紧
我不爱让人纠缠
他在别处待了一年
正当我有客人，才来看我
可是小事显得这样不足挂齿
自从你一来到这里
以致怪罪也像赞美一样亲切
赞美也不过像怪罪

* 胎教点读

这首诗是美国诗人艾米莉众多表达大自然的诗歌中的一首，诗人用真挚的、朴素的、热烈的诗句，将期待三月的心情表达得细腻而生动，仿佛两个许久不见的好朋友，一见面有说不完的话，每一秒钟都生怕浪费了，因为三月的到来，一切不悦都变得不足挂齿，心情异常美好。

用喜爱的心情读这首诗，让胎宝宝被诗人的好情绪所感染，读这首诗，就像与胎宝宝的一次久别重逢一般，他会知道，孕妈妈在期待着自己的降临。

能让孕妈妈心情变好的食物

有些食物在调节孕妈妈的心情上有很好的作用，在学会自我放松的同时，不妨多吃这类食物，赶走坏心情，这样的食物有：

* 香蕉

香蕉可向大脑提供重要的物质酪氨酸，使人精力充沛、注意力集中，并能提高人的创造能力。此外，香蕉中还含有可使神经“坚强”的色氨酸，还能形成一种叫做“满足激素”的血清素，它能使人感受到幸福、开朗，预防抑郁症的发生。

* 葡萄柚

口感好、水分足的葡萄柚带有淡淡的苦味和独特的香味，无论是吃起来还是闻起来都非常新奇，可以振奋精神，葡萄柚里高量的维生素C还可以增强身体的抵抗力，也是为我们的身体制造多巴胺、肾上腺素这些愉悦因子的重要成分。

* 全麦面包

全麦面包因为含有大量复合性的碳水化合物，能够抗忧郁，也合乎健康原则。

* 菠菜

菠菜除含有大量铁质外，还含有绿色蔬菜中含量最多的叶酸，能抑制精神疾病，包括抑郁症和焦虑、健忘等。

* 南瓜

南瓜富含维生素B_6和铁，这两种营养素都能帮助身体把所储存的血糖转变成葡萄糖，而葡萄糖正是脑部唯一的燃料，脑部运转顺利，心情自然也就好了。

* 土豆

土豆是让人的情绪积极向上的食物，因为它能减轻心脏的压力，使心脏减少对身体输送刺激成分。土豆的好处还在于能够迅速转化成能量，平时多吃点土豆是快乐的秘诀，但不要吃薯片。

* 牛奶

温热的牛奶有镇静、缓和情绪的作用，可以减少紧张、暴躁和焦虑的情绪。

* 鸡肉

鸡肉富含维持神经系统健康、消除烦躁不安的维生素B_{12}。当体内缺乏维生素B_{12}时，就会出现恶性贫血、食欲缺乏及记忆力减退等问题，晚上睡不好，白天感觉疲惫时不妨吃点鸡肉。

* 豆制品

豆类中富含人脑所需的优质蛋白和8种必需氨基酸，这些物质都有助于增强脑血管的机能，身体血液运行畅通了，心情自然就舒畅了。

专家指导

坏心情和进餐不规律息息相关，孕妈妈要保证大脑有充足的营养供应，以免血糖过低，也要注意控制体重，一般白天每隔4~5小时吃一次饭。

孕妈妈的主食不能全部是粗粮

吃粗粮有益健康，不过吃粗粮要食之有度，适度地吃粗粮才能获得健康，如果吃得太多反而会对身体造成伤害。

粗粮中保存了许多细粮中没有的营养，比如膳食纤维，并且富含B族维生素，但也有一些弊端：

1 不容易消化，人体对粗粮的营养吸收率偏低。例如，吃煮、炒黄豆，其中蛋白质的吸收消化率最多只有50%，但加工成豆腐后，吸收率上升至90%~95%。

2 粗粮影响人体对钙、铁等其他营养的吸收。

3 孕妈妈如果长期大量以粗粮为主食的话，摄入的纤维素过多，反而会影响身体对蛋白质、无机盐以及某些微量元素的吸收，会导致营养不良和身体的免疫力降低，可以说，孕妈妈吃粗粮过多是弊大于利的，千万不要把粗粮当成主食，在日常的饮食中要和细粮搭配食用，也可以采取粗粮细做的方法，比如做窝头的时候掺杂一些小麦面，这样才能发挥粗粮应有的功效。

专家指导

粗粮粗纤维较多，不易消化，孕妈妈在吃粗粮时要多喝些水来帮助消化。

听音乐《杜鹃圆舞曲》

《杜鹃圆舞曲》是根据挪威作曲家约纳森创作的一首同名钢琴曲移植的手风琴曲，曲调优美，音乐形象生动鲜明，带有浓浓的春意，特点是模仿杜鹃鸣叫的音调，乐曲一开始节奏轻快、活泼，描绘了一幅生机盎然的景象，接着曲调表现出杜鹃在林中飞来飞去的浓浓春意。

变废为宝，用袜子做个可爱的小兔子

手工是对生活的一种态度，也是一种时尚，更是孕妈妈对胎宝宝深深的爱。给胎宝宝亲手做一个好看的玩具娃娃，胎宝宝成长路上能有孕妈妈的手工陪伴是多么幸福的事情，孕妈妈千万不要吝啬自己的心灵手巧，快跟我们一起给胎宝宝做个可爱的小兔子吧。

* 需要准备的材料

废旧袜子2只(当然，袜子价格不贵，也可以用新的)，棉花若干，圆形纽扣2个，珍珠纽扣1个。

* 制作步骤

❶ 将袜子底部对半剪开做耳朵，在脚后跟留3~5厘米的距离做脑袋，然后剪掉脚指头部分。

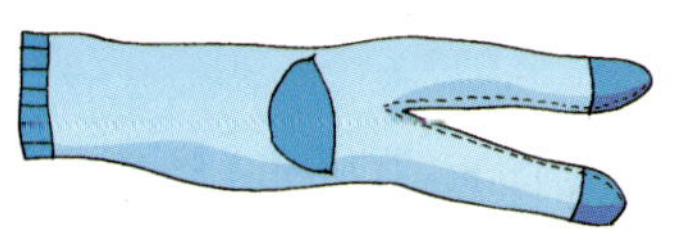

❷ 把袜子翻过来，将耳朵缝上，在脚后跟上6~7厘米的地方剪去袜子上半部分。

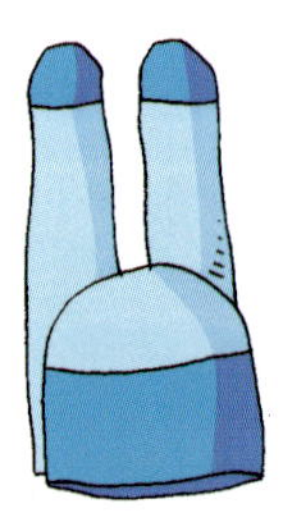

❸ 在耳朵和脑袋中塞进棉花，把脑袋缝起来。

❹ 在另一半袜子的下部剪出兔子的2只腿，反面缝合，然后翻到正面，塞入棉花做成兔子的身体和腿，将头和身体缝起来。

❺ 将另一只袜子的脚指头部分剪下8~10厘米长，从中间剪开，反面缝合后翻到正面，塞入棉花制成2只手，然后将手接到身体上。

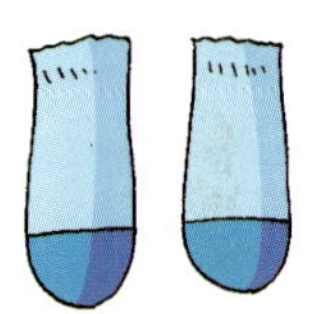

❻ 画出小兔子的眼睛、嘴巴、脸，在眼睛部位钉上2粒圆形纽扣，鼻尖部位钉上1粒珍珠纽扣就大功告成啦。

给宝宝做个个性十足的手工布相框

宝宝出生后会拥有很多照片，用漂亮的相框展示宝宝的照片是最好的了。买的相框大多是冷冰冰的塑料或金属制作的，要让相框充满感情，孕妈妈可以尝试着DIY，自己手工制作的相框会个性十足，手巧的孕妈妈还能让相框很出彩，不但孕妈妈自己看着欢喜，胎宝宝更是能体验到手工带来的快乐。

下面我们为孕妈妈介绍一款特别漂亮的布相框做法，希望给孕妈妈和胎宝宝带来更多的乐趣。

* 需要准备的材料

相框纸样2个(7寸，内框126毫米×177毫米，外框根据喜好即可，要硬纸板)，其中一个中间不挖空，保持完整，做底板用。布料若干块(包相框用的布尺寸要大于相框边缘)，铺棉(包裹相框用)，铆钉2颗。

* 制作步骤

❶ 在相框和底板上分别涂上胶水，再分别铺上铺棉。

❷ 将相框放在选好的布上，布的正面朝外，按照先上下、再左右的顺序将布的边缘用胶水粘在相框上。

❸ 内框的布料剪个大X形状，按相同方法粘牢，底板也按同样方法粘上。

❹ 另外剪一块做支架的纸板，按相框方法包裹布料，然后用2颗铆钉固定在底板上。

❺ 把相框和底板放在一起，缝合3边，留一边放相片。

❻ 用剩余的布料剪六片圆形布片。

⑦ 将布片对折，缝弧形的一边，缝完一个接着不间断地缝下一个，直到五个都缝完，然后拉紧，就像一朵花了，打上结。

⑧ 将剩下的原片边缘缝一圈，然后拉紧，塞入棉花，缝到花朵上，就成了一朵完整的花了。

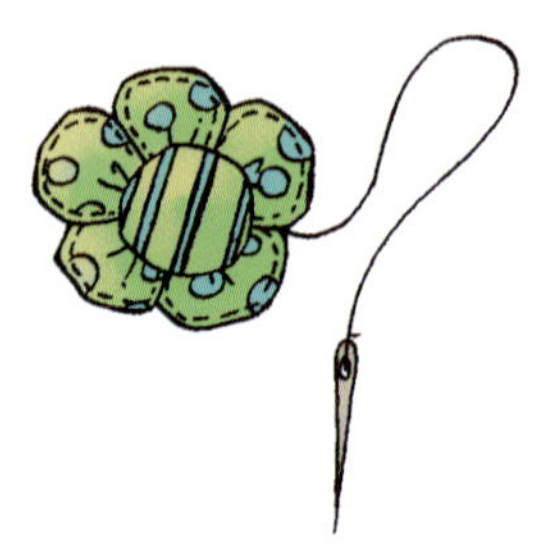

⑨ 将花朵缝在相框上，一个漂亮的相框就完成了。

准爸爸做胎教

准爸爸要忍住孕妈妈的多变情绪

孕妈妈常常处于喜悦与忧虑的矛盾之中，经历着从未体验过的生理变化，畅想着胎宝宝的成长，担心孩子的健康；面临竞争的压力，担心自身未来的发展；生理的变化引起自身容貌的改变，担心失去准爸爸的爱……

孕妈妈多虑，内心非常敏感，情绪变化特别强烈，感情通常脆弱，尤其进入孕晚期之后，对分娩的恐惧和身体的各种不适，让孕妈妈变得更加脆弱，对准爸爸的依赖比以往任何时候都要强烈，而且期望值也更高，当准爸爸不能如自己的意时，甚至容易发脾气。

这个时候准爸爸一定要保持足够的耐心，不要觉得自己养家辛苦，而妻子却不理解自己、不可理喻，事实上准爸爸如果以“理”去解释孕妈妈的异常情绪可能无法行得通，甚至引起争吵，这就非常不好了，不仅可能造成身体伤害，而且孕妈妈会因此陷入精神、情感上绝望的境地，急性子的准爸爸尤其要注意避免争吵，多忍让。

准爸爸要和孕妈妈一起多学习分娩知识，多表现自己亲切的笑脸、暖心的话语，不可发脾气，帮助孕妈妈消除对分娩的恐惧心理。

专家指导

当准爸爸生气时，不妨倒数30秒，让自己先冷静下来，避免坏情绪升级，一旦觉得自己火气未消，不要靠孕妈妈太近，再倒数30秒，什么也不想，做深呼吸，尽量让自己不生气。

和胎宝宝说说心里话

孕期经常与胎宝宝对话是一项十分重要的行为，尤其是准爸爸，准爸爸每天坚持与胎宝宝讲话，能够唤起胎宝宝的热情，帮助胎宝宝智力发育。

准爸爸可以每天跟胎宝宝说说心里话，随便唠叨几句，不一定要拘泥于某种形式，内容应该丰富一些，诸如问候、安慰或批评胎宝宝等都可以，但要注意避开一些消极情绪，比如今天上班被老板批评等。

每天晚上睡觉前，准爸爸不妨把手放在孕妈妈的腹部，对胎宝宝说："你今天又长了这么多，我是你爸爸哟，今天天气很不错，爸爸遇到了很多高兴的事……"每天早上起床时，准爸爸可以亲切地对着孕妈妈的腹部说："宝贝，我是你爸爸，正在跟你说话呢，爸爸要起床了，一会儿你和妈妈就能吃早餐了哦。"

准爸爸每天抚摸一下胎宝宝，怀着愉悦的心情跟他说一些想说的话，胎宝宝能从中受益不少，尤其是对于情绪和精神紧张的孕妈妈来说，这也是一剂良好的安慰剂。

专家指导

在与胎宝宝说话时，准爸爸要善于揣测孕妈妈的心理活动，琢磨一下孕妈妈需要听什么话，如果孕妈妈听到准爸爸的话很开心的话，这种良好的心理感受会产生积极的胎教效应。

第9个月

越来越漂亮的胎宝宝

本月胎教要点

孕妈妈的动作变得越来越笨拙，行动也越来越不便，有的孕妈妈因此放弃了孕晚期的胎教训练，这样会影响到前期训练的效果，为了巩固胎宝宝在孕早期、孕中期对各种刺激已形成的条件反射，孕晚期应坚持各项胎教内容。

在怀孕第9个月，孕妈妈的胎教重点是：

* 适当地运动

适当地运动不仅有利于分娩顺利进行，还可以给胎宝宝躯体和前庭感觉系统自然的刺激，促进胎宝宝的运动平衡能力的发育。孕妈妈应在晴朗的日子里多散散步，散步时，可将手放在腹上，轻轻地和胎宝宝说：“宝宝，你知道现在的阳光多好吗？”适量的光线和孕妈妈温柔的声音，对即将出生的胎宝宝而言，是一种良性的刺激。

* 轻轻地抚摸

妊娠9个月后，由于胎宝宝的进一步发育，孕妈妈本人或准爸爸用手在孕妈妈的腹壁上能清楚地触到胎宝宝头部、背部和四肢，抚摸他时，如果模仿小孩子的语气说话，将更能引起他的注意。

* 保持乐观的精神状态

这时已接近妊娠的尾声，孕妈妈在作好胎宝宝教育的同时，要积极进行分娩前的准备，保持乐观的精神状态，全身心地期盼着与小宝宝见面。如果情绪高度紧张，容易导致心理上的不平衡，甚至使整个养胎、护胎与胎教的过程功亏一篑，尤其是高危孕妈妈。

“妈妈，我有两个消息要告诉你，一个是好消息，另一个对我来说有点儿为难，还是先说好消息吧。”

“现在我的身体无论怎么看，都相当完美，圆润健壮的轮廓、聪明的大脑、稳定工作的呼吸和消化系统、漂亮的五官……我的力气也不小呢，轻轻推一下房间，墙壁就会顶出个包包来，妈妈，你看，刚才这个包包就是我用拳头顶的哦。”

“还有个事儿说起来有点羞羞，自从我用脑袋顶住房间的出口后，身体完全倒转过来不说，头也被紧紧地夹在门口，我试了很多次，根本就倒不回去。老实说，这种日子有点不好过，而且‘房东’最近隔三差五地就警告我别把房子挤坏了，我想，我恐怕待不久就得搬家了。”

* 胎宝宝在发育

本阶段宝宝的头臀径大约30~34厘米，体重约2.5千克，皮下组织开始累积，脚趾形成，皮肤呈现粉红色，也很光滑，不再像之前皱巴巴的。

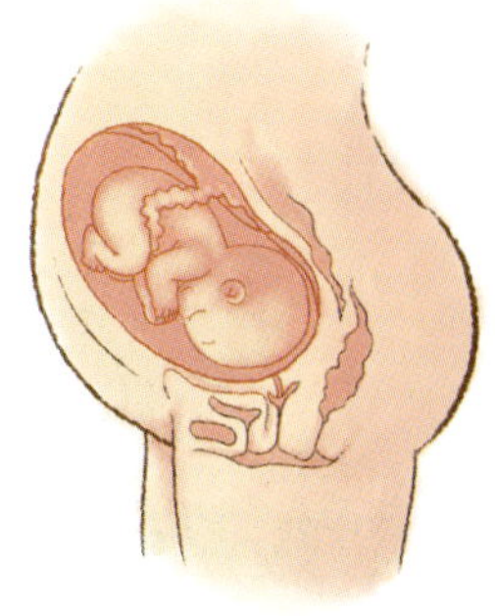

孕妈妈需要了解的

胎心监护是本月产检的重点

怀孕35周后，孕妈妈每周去医院产检时，都要进行胎心监护，以便尽早发现胎宝宝异常，采取有效的急救措施。

＊胎心监护怎么做

孕妈妈躺在床上露出肚子，医生会把一个小仪器抹上耦合剂(做B超时抹的那种黏黏的液体)，仪器上的两个探头，一个绑在孕妈妈的子宫顶端(压力感受器，探测宫缩)，另一个绑在胎宝宝的胸部或背部对应的孕妈妈的肚子处(进行胎心的测量)，另外还有一个按钮，当孕妈妈感觉到胎动时可以按压此按钮，它会发出“嘟”的一声，机器会自动将胎动记录下来。

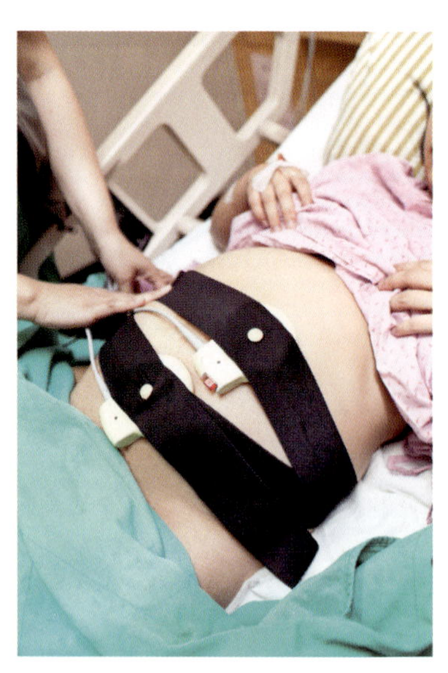

仪器的屏幕上有胎心和宫缩的相应图形显示，孕妈妈可以清楚地看到自己宝宝的心跳，医生根据你按的时间会看看每次胎宝宝动的时候心跳是否有相应的反应。

＊作胎心监护时的有用建议

1 作监护30分钟至1小时前吃一些食物，比如巧克力。

2 最好选择一天当中胎动最为频繁的时间进行，避免不必要的重复。

3 监护前排空膀胱，选择一个舒服的姿势进行监护，避免仰卧位，最好取15°左侧卧位，仰卧位有时会影响监护结果。

4 如果作监护的过程中胎宝宝不愿意动，他极有可能是睡着了，可以轻轻摇晃你的腹部把他唤醒。

5 一次监护30分钟左右，但如果胎心监护的效果不是非常满意，可能需要继续做下去，40分钟或者1小时是非常有可能的，孕妈妈不要太过着急。

专家指导

正常胎心音是120~160次/分，胎心音过快或过慢都是有问题的表现，但是一般性的伴随胎动的胎心音过快不表示胎宝宝出现问题，往往是胎心音过慢的风险更大，提示胎宝宝面临缺血、缺氧的危险，需要医生及时予以处理。

生产时需要用到哪些东西

入院生产时，孕妈妈的用品是最多的，现在应该开始准备了，将准备的东西放入待产包，放在方便取用的地方，那样一旦需入院可随时取用，待产包里具体需要放的东西有：

物品类别	具体需要准备的东西
资料、现金	孕妇保健手册、医保卡、准爸爸和孕妈妈的身份证、户口本、现金
日常用品	饮水杯、饭盒、调羹、筷子、软毛牙刷、牙膏、漱口液1瓶、毛巾至少3条（洗脸、擦身、洗下身各1条）、脸盆至少2个（洗脸、擦身各1个）、梳子、镜子、洗浴用品、护肤霜、塑料袋及保鲜袋若干
衣物、卫生用品	2~3套睡衣、方便穿脱的大衣1件、带后跟的棉拖1双、防乳汁渗漏的乳垫2副、哺乳胸罩2个、一次性纸内裤1包、棉袜3双、餐巾纸若干、日用和夜用卫生巾多准备几包（要勤更换）、衣架
食物	巧克力、饼干、果汁(配上弯曲的吸管，可以方便喝水)
其他	手机、充电器、杂志或书（学习孕产知识或缓解情绪用）、CD或DV、MP3（听音乐来缓解情绪）、钱包、纸、笔

专家指导

所有物品还可以按照使用时间来分类进行放置，如入院、分娩、住院和出院的用品可以放进不同的袋子，然后再分别放进待产包。

小宝宝降临后需要用到哪些东西

小宝宝就要出世了，需要准备的东西也不少，下面的宝宝用品清单可供孕妈妈参考：

物品类别	具体需要准备的东西
衣物	和尚袍（中号、长袖、可以买大点儿）2件、小被子1条、婴儿床1个（栏杆不要太矮，最好是能一边打开的那种）、蚊帐、小玩具
洗护用品	婴儿浴盆1个、浴巾2条、小毛巾10块（洗屁屁用，可用纱布），婴儿专用洗发露、沐浴露、润肤露、护臀膏各1瓶，塑料盆2个（用来洗衣物、尿布）、爽身粉（夏天需要）、水温计1个、婴儿洗衣液
卫生用品	纸尿裤1包、尿布（布尿片或纸尿布）不少于10块、纸尿布若干包、婴儿柔湿巾多多益善，指甲剪、体温计1个（有的医院会送），隔尿纸巾1包（一次性，迅速将尿渗透）
喂奶用品	小号奶瓶1个、奶嘴2个（小号、十字开口）、奶粉6 小袋（以备不能母乳喂养之需）、奶瓶奶嘴刷、奶瓶清洁液

专家指导

小宝宝的衣服不用买很多，一般医院会为刚出生的小宝宝准备两身，包括包被，出院一并算钱，是必须消费品，还有一些裤子、手套、袜子对于新生婴儿用处不大，而且宝宝长得飞快，不需要太多衣服。

胎宝宝脐带绕颈到底要不要紧

脐带是胎宝宝的营养物质供应、气体交换和代谢产物排出的重要通道，胎宝宝足月时脐带的长度会达到30~70厘米，直径1.0~2.5厘米，常呈螺旋状扭转。

脐带绕颈是胎宝宝常见的情况，通过B超检查，脐带缠绕可在妊娠晚期被发现。脐带绕颈的发生率约为20%~25%，每4~5个胎宝宝中就有一个生下来发现是脐带绕颈的，是胎宝宝在动的过程中将脐带缠绕在颈部造成的，绝大部分脐带绕颈在妊娠期不会对胎宝宝产生大的危害，很多绕了3圈甚至还有7圈的胎宝宝生下来都很好，所以孕妈妈不必太过担心。

脐带绕颈是否引起不良后果，主要取决于脐带的长度和绕的松紧度。只要脐带绕颈松弛，不影响脐带血循环，就不会危及胎宝宝；如果脐带比较短，绕得紧，绕的圈数多，往往会在胎宝宝活动时或临产后胎头下降时，脐带被收紧或受压，而致胎宝宝缺氧，造成宫内窘迫甚至死胎、死产或新生儿窒息，这种现象多发生于分娩期，因此孕妈妈在家要多数胎动，如果突然发生激烈的、大量的胎动，要赶紧去医院检查。

若胎宝宝发生脐带绕颈，建议孕妈妈：

1 坚持数胎动，胎动过多或过少(12小时胎动少于20次，或较以往减少50%)时，应及时去医院检查。

2 坚持作好产前检查，及时发现并处理胎宝宝可能出现的危险状况。

3 通过胎心监测和超声检查等间接方法，判断脐带的情况。

4 要注意的就是减少震动，保持睡眠左侧位。

专家指导

孕妈妈不要因为害怕脐带绕颈而随意选择剖宫产，它并不是剖宫产的指征。胎宝宝一直是在动的，可能会通过胎动自己绕开，不过如果脐带绕颈3周以上，影响胎头下降，合并其他剖宫产指征时，可以考虑剖宫产。

感受生活的哲理，读《牵一只蜗牛去散步》

上帝给我一个任务，叫我牵一只蜗牛去散步。

我不能走得太快，蜗牛已经尽力爬，每次总是挪那么一点点。

我催它，我唬它，我责备它。

蜗牛用抱歉的眼光看着我，仿佛说："人家已经尽了全力！"

我拉它，我扯它，我甚至想踢它。

蜗牛受了伤，它流着汗，喘着气，往前爬……

真奇怪，为什么上帝要我牵一只蜗牛去散步？

"上帝啊！为什么？"天上一片安静。

"唉！也许上帝去抓蜗牛了！"好吧！松手吧！

反正上帝不管了，我还管什么？

任蜗牛往前爬，我在后面生闷气。

咦？我闻到花香，原来这边有个花园。

我感到微风吹来，原来夜里的风这么温柔。

慢着！我听到鸟声，我听到虫鸣。

我看到满天的星斗多亮丽。咦？

以前怎么没有这些体会？我忽然想起来，莫非是我弄错了？原来上帝是叫蜗牛牵我去散步。

＊胎教点读

小故事里往往有大智慧，我们总是在人生的道路上走得太匆忙，以至于来不及闻一闻花香，来不及享受微风的温柔，也忽略了星辰的美丽，当有一天，上帝让你牵着一只蜗牛去散步时，你会有怎样的感觉呢？

当你带着胎宝宝出门散步时，放慢的脚步一定也让你注意到了很多被忽略的东西吧，比如路上的小蚂蚁、空中飞舞的柳絮、天上悠悠飘浮的白云、花坛里的小花……下次出门时，记得将这许多曾经被忽略的东西讲给胎宝宝听，相信他乐意与你分享这种安宁和心旷神怡。

能帮助克服产前焦虑的经验

预产期越来越近，孕妈妈不免会感到焦虑和紧张，主要是担心自己和胎宝宝出现各种无法预知的情况，以及分娩前的恐惧。

产前焦虑对孕妈妈和胎宝宝都不利，产前严重焦虑的孕妈妈，不仅剖宫产率升高1倍，而且还常伴有恶性妊娠呕吐，并导致早产、流产，分娩时产程延长、难产、新生儿窒息、产后易发生并发症等。在孕晚期，孕妈妈和家人要采取积极的态度消除产前焦虑。

下面的经验可能会对孕妈妈消除产前焦虑有帮助：

1 不要因为自己的喋喋不休而自责，情绪不好时尽量向准爸爸诉说，寻求准爸爸的保护和重视，这是宣泄不良情绪的合理渠道。

2 相信婆婆的现身说法，要知道她可是顺利地生下了你的丈夫，而且还健康地成长起来，相信生孩子并没有电视中演得那么可怕。

3 相信你选择的医生、相信医学，现代医疗技术已经为数以亿计的人平安生下了孩子，你也不会例外，退一步讲，即使出现意外，你和胎宝宝也能得到最大限度的安全保障。

4 和一些刚生产完的孕妈妈们交流一下，讨教一些经验。

5 多做一些有利健康的活动，如编织、绘画、唱歌、散步等，不要胡思乱想、整日躺在床上，把注意力集中到对未来的担忧上。

专家指导

患有妊娠高血压综合征等产前并发症的孕妈妈，往往因为健康问题比其他孕妈妈更容易焦虑，我们建议有产前并发症的孕妈妈积极治疗并发症，与医生保持密切联系，有问题时及时请教医生，保持良好的情绪。

几款能缓解便秘的美食

怀孕后，激素改变使孕妈妈容易发生便秘，尤其到了孕晚期，胎宝宝压迫孕妈妈的肠道，使食物长久停留在肠道，而孕妈妈大腹便便，活动量减少，因此孕晚期发生便秘是不少孕妈妈的一大困扰。

但孕妈妈不能因此而心急甚至烦躁，不然会加重便秘，正确的做法是积极面对，多喝水，多吃缓解便秘的食物(可参考第6个月“怎样缓解频繁袭来的便秘”)，下面我们为孕妈妈精选了两道缓解便秘的美食，供孕妈妈选择：

* 口蘑烧茄子

材料：嫩茄子300克，口蘑50克，青豆50克。

调料：植物油适量，盐5克，酱油、水淀粉各少许。

做法：

1 将嫩茄子洗净、去皮、切成丁；口蘑洗净，切片；青豆洗净，用开水煮熟，控净水。

2 锅内放油，烧热后放茄子丁，用中火炒至茄子软。

3 加入口蘑、青豆，注入少许清汤，调入盐、酱油，用小火烧透，再用水淀粉勾芡即可。

美味提示

茄子以紫色长条的为佳，青豆不能吃生的，炒前一定要先煮熟。

这道菜对孕妈妈便秘、水肿等症状都有很好的缓解作用。

* 醋熘白菜

材料：白菜半个。

调料：醋半大匙，水淀粉1小匙，植物油、盐各适量。

做法：

1 白菜择洗干净，将白菜切成丝。

2 取一个空碗，放入盐、醋、水淀粉，混合均匀，调成淀粉汁。

3 锅内放入适量植物油，烧至七成热，下白菜帮片，爆炒至七成熟。

4 加入调好的淀粉汁，翻炒片刻，至汁透明，出锅即可。

美味提示

放入白菜以后，一定要快速翻炒，不然菜帮变软会影响口感。

这道菜促便效果相当好，严重便秘的孕妈妈可以多吃。

养颜又美味的水果餐

水果不仅味道好，还可以帮助孕妈妈补充维生素，而且大多具有美容养颜的功效，这里我们特意为孕妈妈精选了几款水果餐，孕妈妈可作为两餐之间的加餐来选用：

* 小黄瓜汁

小黄瓜洗净，切碎，按照1:1的比例加水，用榨汁机榨成汁，以蜂蜜调服。

美味点评

黄瓜汁可润肠通便，夏季常喝可预防口腔疾病，清晨喝一杯黄瓜汁还可以清爽肠胃。

* 菠菜柳橙汁

菠菜用开水焯过，柳橙(带皮)、胡萝卜与苹果切碎，按照1:1的比例加水，用榨汁机榨成汁。

美味点评

菠菜有助于改善贫血，柳橙等蔬果可提供丰富的维生素，能提高孕妈妈的免疫力。

* 木瓜炖牛奶

木瓜一切为二，去子，去皮，切成条，加250毫升鲜牛奶，放入蒸锅蒸10~15分钟，稍冷即可食用。

美味点评

木瓜口感好，糖分低，用牛奶炖营养丰富，十分可口，而且不容易引起过敏，值得一提的是，这道水果餐对于催乳发奶很有作用，能提高孕妈妈产后奶水的质量，也是美容佳品。

* 缤纷水果沙拉

将2个草莓、半个苹果、半个梨、1个猕猴桃分别洗净，猕猴桃、苹果、梨去皮，然后将各色水果切块装盘，在水果上淋上150~200毫升酸奶即可。

美味点评

这几种水果含有丰富的维生素C、胡萝卜素以及人体必需的各种矿物质，而且含有大量的水分和膳食纤维，可促进健康、增强免疫力。酸奶不仅味美，而且营养丰富，不会给身体带来负担。

* 蜂蜜水果粥

将粳米熬成粥，半个苹果、梨洗净去皮切丁，加入粥内，枸杞洗净加入粥内，一起煮开后稍冷即可食用。

美味点评

水果增加了粥内的膳食纤维，具有清心润肺、消食养胃、润燥的作用，吃起来清新爽口，别有风味，很适合脾胃不佳、食欲缺乏的孕妈妈。

自制燕麦饼干，享受怀念的味道

一直都是吃超市买回来的饼干，从未想过自己动手做，自制饼干，想起来好像有些不可思议，其实，烤饼干很简单，最重要的是不容易失败，在家动手做一做，想烤多少都没问题。

一旦做起来，你不仅会觉得，原来烤饼干是一件so easy的事情，关键是这个过程，它一定会令你怀念起小时候简简单单的饼干味道，这个美好的感觉怎么能不跟胎宝宝分享呢？那么，现在就一起来试试这款燕麦饼干吧。

* 需要准备的材料

1/4杯奶油，1/4杯白糖，1个鸡蛋，1杯面粉，1茶匙泡打粉，2杯燕麦片，1/2杯牛奶，1/4杯葡萄干，1/4杯坚果仁。

* 制作步骤

1 奶油加热融化成液状后拌入白糖搅匀。

2 将鸡蛋打入奶油糖中，并搅拌均匀。

3 先将燕麦片、面粉、泡打粉混合，再将混合好的燕麦粉倒入奶油鸡蛋糊中，拌匀。

4 拌匀的面糊中加入牛奶、葡萄干、坚果仁。

5 用汤匙将面糊在烤盘上分成若干个球形，烤箱预热5分钟，以180°C烤10分钟即可。

专家指导

这款饼干加入了西式奶油，浓郁的奶香和润滑的口感让饼干增色不少，但孕妈妈要注意的是，奶油热量高，不能吃太多，不然可就苦了自己和胎宝宝了。

其实，做饼干不光是为了吃，也是一种享受，享受手工的乐趣，享受制作食物的快乐，同时别忘了将这种享受与胎宝宝分享，好味道要一起分享，好情绪更要一起分享。

天使降临倒计时，动手做个日历

孕妈妈马上就步入孕期最后一个月了，小天使就要降临人世，接下来的每一天都是重要的，从现在开始帮胎宝宝倒计时吧，给他鼓励、为他加油、让他知道你的心意。

或许你需要一个日历来帮忙，而最漂亮最好的日历不一定是从百货商店购买的，如果你能亲手制作，相信这个日历一定是最好的。即使没有头绪也不要紧，下面我们为孕妈妈提供了一种十分有趣的日历做法，相信孕妈妈和胎宝宝都会喜欢。

* 需要准备的材料

瓦楞纸箱，彩色笔数支，图钉，胶水，剪刀。

* 制作步骤

❶将箱子拆开，取合适的一面剪成需要的大小，然后用彩色笔画出日历表，标出表示星期的汉字或英文缩写。

❷在第一行没有数字的位置画上一些卡通画或其他喜欢的图案，日历表可按自己的喜好做些装饰，比如画上花边或卡通图案等。

❸取箱子中与制作日历表的面等大的一面，修剪成比日历表宽2~3厘米的大小，粘在日历表的背面，多出的部分露在日历表的上方，然后在露出部分处打两个小孔，方便挂放。

❹取纸箱其他部位的瓦楞纸，裁剪成比日历表的日期格子略小的31个等大小方块，用黑色彩笔在方块边缘画虚线，方块中央写上1~31的数字。

❺将图钉固定在每个小方块背面，然后将日期分别嵌进日历表的相应位置，用绳子穿过小孔，将日历表挂在墙壁上，一个风味十足的日历表就完工啦。

专家指导

这不仅是格外有心意的日历，而且特别实用，因为它能循环使用，只要在每个月第一天，按照标准日历移动一下各个数字的位置即可，非常环保，日后胎宝宝出生后立刻就能派上用场，为他的每一天计时。

准爸爸做胎教

为胎宝宝布置一个温馨的婴儿房

宝宝的房间需要提前准备，这样一旦胎宝宝降临，他就能立即住进自己的婴儿房。

那么，准爸爸该怎么样布置才能让宝宝拥有一个温馨舒适的房间呢？下面我们为准爸爸总结了几点经验，可供准爸爸参考：

1 应选择向阳、通风、清洁、安静的房间。新生儿体温调节中枢尚未发育成熟，体温变化易受外界环境的影响，所以选择能使新生儿保持正常体温，又耗氧代谢最低的环境很重要。

2 要保证房间内的湿度适宜。过于干燥的空气使婴儿呼吸道黏膜变干，抵抗力低下，也可发生上呼吸道感染，故需注意保持室内一定湿度，湿度在50％~60％为佳。使用加湿器效果最好，另外冬季时可以在暖气片上放些干净的湿布，夏季时地面上洒些清水。

3 房间的颜色应以红、黄、蓝三色为基本色调，然后再补充其他颜色加以调节。最好备用两幅颜色不同的窗帘，一幅暖色的，在婴儿需要休息时使用，一幅冷色的，在婴儿活动时使用。

4 灯光上，建议除一般的日光灯外，再安排一些五颜六色的低强度彩灯，每天在婴儿情绪较好的时候打开彩灯，让婴儿感受一下光和色彩的变化。避免强烈的阳光直射婴儿的眼睛，夜里喂婴儿奶或有其他事情起来，不要打开光线过分强烈的电灯，最好备用一个光线较弱的暖色灯泡。

5 婴儿的居室最好不要铺地毯，因地毯不易清洗，容易藏污纳垢，不仅是致病源还可能是过敏源，而且也不利于婴儿日后的行走练习。

6 注意安全，避免小(硬币、小电池、扣子等直径小于3.17厘米、长度小于5.17厘米的物品)、尖(小刀、剪刀等利器要收好，桌角尖锐处加防护套)、长(超过30厘米的细绳必须卷起收好）的物品。

帮孕妈妈战胜对分娩的恐惧

准爸爸现在最重要的事情就是在精神上支持孕妈妈，帮助孕妈妈消除对分娩疼痛的恐惧，战胜对分娩的恐惧。

孕妈妈害怕分娩，一个最大的原因就是害怕分娩疼痛，甚至因此选择剖宫产，这种疼痛往往被很多孕妈妈放大了。准爸爸要先了解分娩疼痛，然后帮助孕妈妈解决怕疼的难题。

分娩时的疼痛主要来源于以下两个方面：

1 来自身体的疼痛

首先是子宫阵发性收缩，拉长或撕裂子宫肌纤维，子宫血管受压等刺激上传至大脑痛觉中枢，从而使孕妈妈感到剧烈疼痛。

其次是胎宝宝通过产道时压迫产道，尤其是子宫下段、宫颈和阴道、会阴部造成损伤和牵拉导致的疼痛。

生理的分娩疼痛是十分自然的现象，一般孕妈妈都是可以忍受的。

2 来自心理的疼痛

孕妈妈紧张、焦虑、恐惧的心理会引起体内一系列神经内分泌反应，而使疼痛加剧，有部分孕妈妈觉得生产达到痛不欲生的地步，这与心理因素有很大关系。

疼痛其实是一种很主观的感受，心理负担越重，就越害怕疼痛，而且还会把疼痛放得越大，如果孕妈妈对分娩感到恐惧，只会加重疼痛。

准爸爸还要有承受心理压力的准备，在孕妈妈害怕时要镇定地给她力量，告诉她一切都很好，或者给她讲个笑话，而不要乱了阵脚，如果准爸爸在孕妈妈身边很紧张、承受能力差，很容易影响到孕妈妈，使孕妈妈丧失自信，无法顺利地生产。

另外，准爸爸还要多了解孕妈妈的身体情况，比如胎动、血压、阵痛情况等，帮助孕妈妈及时向医生传递需求，这能让孕妈妈得到最及时、有效的诊断和看护，也能令孕妈妈心安。

专家指导

准爸爸要多向医生咨询正在发生的事情，包括孕妈妈目前的情况、有无风险等。要知道医务人员通常只是遵循常规，很多细节只有靠自己才能及时发现，向医务人员提出并要求作调整，千万不要过激和被动，保持自信很重要。

第10个月

小天使就要降临

本月胎教要点

本月，胎宝宝即将降生，孕妈妈要用努力和爱帮助胎宝宝诞生，要充分地了解婴儿是如何通过产道生出来的，认真地练习呼吸技巧和用力方法，并在分娩时正确运用。

同时，孕妈妈还要坚持胎教，胎教很重要的一点就是坚持，即使到胎宝宝出生后也要坚持进行，以巩固胎教效果，现在孕妈妈可以继续教胎宝宝学习，也可以多复习以前的内容。

在怀孕第10个月，孕妈妈的胎教重点是：

* 保持稳定的情绪

孕妈妈的承受能力、勇敢心理，也会传递给胎宝宝，反之，对于分娩的恐惧，也会给胎宝宝的情绪带来较大的刺激，所以孕妈妈一定要调整好心态、振奋精神，全身心地演完胎教课堂的最后一幕。

* 和胎宝宝说话

这个时期，孕妈妈可以多与胎宝宝说话，让胎宝宝安心。比如“宝宝，妈妈好盼望这一天，你一定很想和妈妈见面了，是吗？”等，用充满爱的话语交流可以促进母子间情感的建立和心灵的沟通。

* 胎教时注意姿势

怀孕第10个月的时候，孕妈妈随时都可能临盆，子宫也越来越大，所以进行胎教时要注意姿势，不要长时间躺着，以免增大的子宫压迫下腔静脉，导致胎宝宝缺氧，最好半卧在沙发或躺椅上。

“妈妈，有件事情我还不知道该怎么跟你说，反正，我很快就要搬家了。‘房东’说我房子的租约这个月就期满了，我得搬走，可我还没有找到满意的房子，但是‘房东’让我别太操心，说到时会有人来接我去新家的，我还想问时，它只留给我一个猜不透的微笑就走了。”

“哎哟，妈妈，‘房东’好像开始给我的房间断水、断食了，房间里的水越来越少，我的食物也越来越少，我打电话给‘房东’，但他的电话总是显示忙音，妈妈，我该怎么办，‘房东’是在赶我走吗？我有点害怕了，不自觉地挣扎起来，挣扎使我向下滑，好像有人在推我，又像是在挤我，我全身都疼，妈妈，我想哭。”

“咦？我好像到了另外一个世界，虽然看起来模糊，但周围亮堂堂的，不知是因为害怕还是新鲜，我猛然哇的一声哭了出来，亲爱的爸爸妈妈，是你们来接我了吗？”

* 胎宝宝在发育

进入最后一月，宝宝的头臀径大约36厘米，体重大致在3.4千克左右，模样和新生儿差不多，胸部和乳房突出，大肠里也充满了胎便。

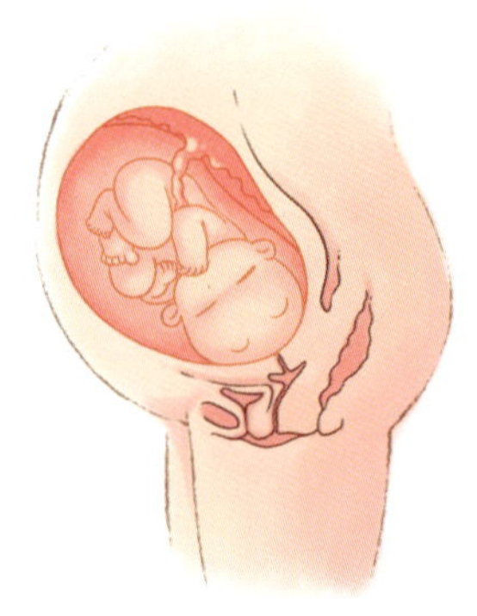

孕妈妈需要了解的

临近预产，要防宫内感染

宫内感染是指在产前或产时，胎盘、胎膜、羊水或胎宝宝由于胎膜早破，来自阴道或宫颈中的细菌进入子宫所引起的感染。这种感染可持续至产后或从产后开始出现临床症状，导致母、胎严重感染，引起新生儿肺炎、败血症或脑膜炎。

宫内感染发生的诱因及预防措施：

* 胎膜早破

胎膜早破是引起生殖道下段细菌上行性感染的最常见原因，且与破膜时间密切相关，感染的危险随胎膜破裂时间延长而上升。若感染传至胎宝宝，出生后新生儿可表现为心率快、呼吸急促、嗜睡，出现败血症、脓毒血症、肺炎、脑膜炎和中耳炎等。

预防措施

避免产程延长和胎膜早破(详细了解可参考后面的一篇“不能忽视的胎膜早破”)。

* 妊娠晚期性交

这时候性交，容易使得细菌进入子宫而诱发宫内感染。

预防措施

准爸爸和孕妈妈在临近预产期的前1个月内最好不要性交。

* 孕妈妈患有贫血、营养不良、慢性疾病等

这些疾病可使孕妈妈抵抗力低下，易于发生感染。

预防措施

孕妈妈在孕期要及时纠正贫血、营养不良、慢性疾病等可使抵抗力低下的疾病。

* 患阴道炎、宫颈炎

孕妈妈患有阴道炎、宫颈炎时，虽胎膜完整，但较脆弱，因而也易引起宫内感染。

预防措施

孕妈妈要及时治疗妊娠合并感染性疾病，如阴道炎、子宫颈炎(包括衣原体感染)等。

* 阴道及肛门检查

若胎膜破裂时间延长，此期间重复进行阴道或肛门检查也有诱发宫内感染的危险。

预防措施

临产时孕妈妈要多和医生沟通，尽量避免作不必要的阴道及肛门检查。

专家指导

宫内感染在诊断上有时比较困难，最有预告性的症状是胎膜早破、白细胞增高和发热，一旦发现这些症状，一定要及早诊断和治疗。一旦宫内感染确诊，估计分娩可能在短期内发生，阴道分娩是最佳方案，但最终还需配合医生。

临产症状，提示入院待产的信号

临近分娩，孕妈妈的身体会发出一些信号，提示孕产期越来越近，需要作好去医院待产的准备，当身体出现这样的症状时，孕妈妈需要把自己的感受告诉医生，听从医生的指导，因为分娩可能随时发生。

孕妈妈临产的症状，通常是在似乎感觉到什么又似乎什么也没感觉的状态下出现的，先是小便次数增多、走路不适，但呼吸和胃口明显好转，接下来感到下腹部一阵阵发硬或腰部有些疼痛，与月经痛感觉相似，这表示初次宫缩开始了。

如果孕妈妈感觉到自己下腹部一阵阵发硬，且有下坠感，这就是宫缩，表示分娩快要开始了，最初每阵宫缩持续10~30秒，间隔时间较长，渐渐地宫缩持续时间延长，随着时间的推移，阵痛的规律性也越来越强，间隔会越来越短，疼痛持续时间越来越长，疼痛感也逐渐加重，这时也可能伴有宫颈口的开大，应及时上医院待产。

* 孕妈妈临产的其他可靠症状

1 见红

分娩前24~48小时，从阴道排出少量血性黏液(咖啡色、粉红色或鲜红色的血液）称见红，见红是分娩即将开始的第一症状，可能持续几天，每天有少许排出，也可能一下子突然见红，如果见红量较多，超过平时月经量，应及时去医院或与医生联系。

2 破水

阴道突然有液体持续流出，不能自控，且不黏稠，呈清水样，即为破水。如果羊水中混有胎便，液体还可呈黄绿色。这都提示胎膜已破，胎宝宝与外界相通。为避免引起宫内感染，故此时应不管是否有宫缩，是否已到预产期，都要立即减少活动，尽快入院。

* 不可大意的入院信号

1 胎动异常

孕妈妈如果发现胎动次数突然比前几天减少一半，甚至消失，或是胎动较以前突然频繁，都提示可能宫内缺氧，可能临产，应立即上医院。孕妈妈在孕晚期要更注意胎动的频率。

2 阴道出血

孕妈妈一旦发现有阴道出血，色鲜红，量较多，超过正常月经的量，也应马上去医院。而一般在分娩的前几天，孕妈妈的阴道分泌物会带有少量血丝，这往往是分娩前的一个信号，需立即去医院。

有助于缓解分娩疼痛的姿势

分娩疼痛是阵发性的，随着产程的进展，疼痛的频率会变大，但分娩疼痛一般是可以忍受的，如果能够采取一些恰当的姿势，还可以有效缓解分娩疼痛，促进产程。

1 在子宫收缩时孕妈妈分开双脚站立，将自己的身体背靠在准爸爸的怀里，头部靠在其肩上，双手托住下腹部；准爸爸的双手环绕住孕妈妈的腹部，在鼓励孕妈妈的同时，不断地与其身体一起晃动或一起走动。

2 在子宫收缩间歇时孕妈妈分开双脚站立，双臂环抱住准爸爸的颈部，头部靠在其肩头，身体斜靠在其身上；准爸爸支撑着孕妈妈的身体，双手环绕住孕妈妈的腰部，给孕妈妈的背部下方进行轻柔地按摩。

3 在床上或地板上放几个松软的垫子，孕妈妈跪趴在垫子上。准爸爸在床的一边，用双手不断地抚摩孕妈妈的后背，可以减轻产痛引起的腰背疼痛。

4 找一把舒适柔软的座椅，孕妈妈面向椅背而坐，胸腹部靠在有柔软靠垫的椅背上，头部放松地搭在其上；准爸爸在孕妈妈身后，一条腿跪蹲下去，并不断地用手按压产妈妈的腰部，这样可以缓解腰部的疼痛。

5 准爸爸坐在床上或椅子上，孕妈妈趴伏在其大腿上，双手环绕着抱准爸爸的腰臀部，让其托着自己的身体，给予一些支持；准爸爸轻柔地上下抚摩产妈妈的腰背部。

6 子宫收缩间歇，孕妈妈可以采取直坐的姿势坐在床上，后背贴在有靠垫或枕头的床背上，双腿屈起，双手放松地放在膝头上。这样可以使孕妈妈的腹部及腰部得到一些放松，还可以将胎宝宝的头向子宫颈推进，让宫缩更为有效。

专家指导

孕妈妈在子宫收缩间歇可以下床或站起来走动一下，这样能减轻产痛，但要尽量放松，同时要注意多喝一些饮料及吃一点食物，以补充能量，注意及时排尿，经常变换各种体位，如站、蹲、走等，避免仰躺，可以促进分娩进程。

不能忽视的胎膜早破

正常情况下，胎膜多在临产后的第一产程末才会发生破裂，如果孕妈妈尚未临产，而胎膜却提前破裂，则为胎膜早破。胎膜早破是孕晚期较常见的孕期并发症，其发生率约为分娩总数的2.7%~17%。

一般来说，胎膜早破的信号是不伴疼痛的阴道流水，常发生于腹压增加或大小便之后，阴道内突然有大量水流出，可湿透内裤，然后时断时续。

* 胎膜早破可能带来的不利影响

由于通常没有明显的不适，所以胎膜早破常被孕妈妈忽略，事实上胎膜早破会给孕妈妈带来很多不利影响：

1 母胎的感染率会明显增加。胎膜早破很容易并发宫腔感染，接着可导致胎宝宝感染。

2 胎膜早破如发生在37周以前，常常会导致早产、晚期流产发生。

3 容易导致脐带脱垂。胎膜早破常发生于胎位不正(臀位或横位）的孕妈妈，脐带很可能随着羊水被冲出羊膜腔，脱垂于阴道内。脐带是胎宝宝的生命线，一旦落于阴道内，就很容易受压，使胎宝宝血循环中断，导致胎宝宝突然死亡。

4 如果羊水流净，可导致“干产”。此时，子宫紧紧裹住胎体，影响子宫胎盘血循环。由于胎宝宝供血减少，很容易引起宫内窒息。此外，还可能引起子宫不协调地收缩，使产程延长，甚至停止，增加了难产率，增加剖宫产的概率。

* 是什么原因引起了胎膜早破

1 性生活

孕晚期的性生活是引起胎膜早破的重要原因，应多加注意避免。

2 生殖道炎症

阴道炎、宫颈炎容易引起胎膜感染，导致胎膜破裂。

3 胎位不正

多胎、羊水过多的孕妈妈，由于羊膜腔内压力过高，容易发生胎膜早破。臀位、横位及头盆不称的孕妈妈，可因羊膜腔内压力不均而发生胎膜早破。

4 营养不合理

孕妈妈的饮食中，缺乏维生素C及铜、锌等微量元素，致使胎膜变脆，缺乏弹性，容易引发胎膜早破。

5 其他因素

剧烈咳嗽、便秘及提拿较

重物体等因素，可导致孕妈妈的腹压骤增，也易促发胎膜早破。

孕妈妈应按时进行产前检查、合理膳食、避免性生活、及时诊治阴道炎、纠正胎位并注意孕期保健，以防胎膜早破。

孕妈妈一旦发现有阴道流水，立即尽可能就地平卧，再抬送医院，以防脐带脱垂及羊水流净，经医生确诊后，应坚持平卧，会阴部放置消毒巾，尽量少作肛查和阴道检查，以减少感染机会。

一旦确诊胎膜早破，要马上住院待产，严密观察胎心，如有异常，应立即采取措施。胎膜早破超过12小时的孕妈妈，在此期间可能会出现有规律的子宫收缩，临产，且大多数都能顺利分娩，如超过24小时仍未临产，需考虑催产素引产。

专家指导

由于胎膜破裂没有疼痛感，因此许多孕妈妈不会立刻感到问题的严重，以为是小便流出。羊水无黏性，站立时流水增多，平卧时减少或者停止外流，孕妈妈要由此与小便进行区别，避免将二者混淆而耽误诊疗时机。

认识生产，对自己有信心

经历漫长的怀孕过程，即将迎接新生命，孕妈妈是否已作好准备了呢？产科医护人员常提醒，只要依照医护人员的指示，正确用力、配合正确的呼吸，要顺利生产是一件很自然的事！然而准爸妈还是不免会紧张。因此这里请专家来教您如何正确用力与呼吸（拉梅兹呼吸），相信对您减轻产痛、顺利产程，一定会有帮助。

* 了解生产，就能有信心面对！

生产是女性的一种自然本能，但也是一个具有激烈性和挑战性的经历。若没有作任何事前的准备，生产通常是让人害怕、痛苦和挫折的。但若事前有充分的准备，准爸妈了解生产各阶段所发生的变化、感受，以及种种处理的方法，就能对自己比较有信心。

害怕、紧张和疲累等，均会使得生产更加困难。一个有准备的产妇，将知道如何处理和预防这些状况；再加上先生在旁的支持和帮助，通常会有比较美好和有意义的生产经验。

* 好不好生，看4P

而生产是否能顺利，好不好生与以下4P有关：

1 Passage 指产道，若产道狭窄，或胖产妇的产道脂肪较多，胎儿就比较容易卡住、不容易生。

2 Passenger 指胎儿大小，太大不好生、比较痛；较小比较好生、比较不痛；胎位也有关系，头位、脸朝下比较好生。

3 Power 指产妇的力量，体力够、用对力气比较容易生。怀孕时多走动、做产前运动，可以增加生产时的体力。

4 Psychology 指产妇的个性与信心，忍痛力强、比较坚强的产妇，能够更从容的熬过产痛。

* 您应该认识产程

了解产程，才能更有信心！产程通常分为三个阶段：

第一产程：规则阵痛到子宫颈全开(10厘米，或5指)，又可分子宫颈准备期(打开3~4厘米前)、子宫颈活动期(打开3~4厘米到全开)。要注意的是，第一产程子宫颈口的扩张并不是一个等速的过程！通常在三四厘米以前会很慢，4厘米以后，子宫颈口扩张的速度就会加快。但每个产妇的差异性可能很大。经产妇(生第二胎以上)子宫颈口扩张的速度通常比较快。

第二产程：子宫颈全开到胎儿娩出。此时子宫颈已经全开，是用力娩出胎儿的最佳时机。

第三产程：从胎儿娩出到胎盘娩出。大功告成！妈妈可以放轻松休息了！

* 正确的用力时机

子宫颈口开全10厘米时才可以用力！若没开全就用力，子宫颈口会水肿，反而会阻碍胎儿下降、影响产程的进行。并且要在子宫收缩时(也就是阵痛发生时)，配合呼吸，才会有效！不痛时就要休息，可以进食(除非预计有剖宫产的可能)，这样才会有体力。

* 认识拉梅兹呼吸

医护人员都会强调，子宫收缩时要配合“呼吸”,这种“呼吸”就是很多准爸妈都听过的拉梅兹呼吸，但却对它不太熟悉，因此在此为您简介。

是一种心理预防法

在孕妇怀孕满7个月时，透过医护人员有计划地教导夫妇有关怀孕的知识、神经肌肉控制运动、体操运动、呼吸技巧，然后经过夫妇不断的共同练习。在生产时，夫妇共同在待产室及共同进入产房，以便太太在子宫收缩阵痛时，丈夫可以鼓励及协助太太主动地运用自己的身体，适度地放松肌肉，以减少生产时子宫收缩引起的不适。

拉梅兹的历史故事

生产减痛法首创于苏联，是从巴甫洛夫(Pavlov) 有名的条件反射的原理而推演出来的，认为人的大脑对于一种刺激的反应是可以由于学习而改变的。苏联的心理学家们发现，如能训练转移对疼痛和不适的感受，则他们生产的不适

将比没有受过这些技巧训练的产妇们要轻得多。

1952年，法国一位产科医师拉梅兹(Lamaze) 远渡苏联学习此法，并将此一理论、方法带回法国加以研究和改进，于是产生了“拉梅兹生产减痛法”。此法经过数十年的推广和应用，如今已被大部分的产科医师们所接受，并认为是一种安全、有效的生产痛法。

拉梅兹呼吸的好处

＊让夫妇对生产有充分的心理准备，减少不安与紧张。

＊训练夫妇间的默契，使双方有同心协力的感觉来迎接小宝宝。

＊使生产过程更为顺利。

现在多已简化

然而真正完整的拉梅兹，应该称为拉梅兹生产减痛法，除了呼吸，还要配合动作，爸妈们不太容易记住，因此下文我们为您介绍配合产程的呼吸法，是经过简化的，让爸妈比较容易记住与执行。

＊第一产程可以这样做

子宫颈准备期(打开3~4厘米前，又称潜伏期)

胎心音正常时，以产妇舒服为准，可平躺、左右侧躺、

床头摇高略蹲坐等。胎心音不正常时通常须左侧躺。

呼吸方法

＊目的：放松全身肌肉、节省体力、分散疼痛注意力。

＊诀窍：较慢、较深的深呼吸，疼痛时开始调节呼吸，目光注视一个定点。

＊吸气：深吸气2~3秒。

＊吐气：深吐气2~3秒；反复循环，至该次产痛结束。

避免

＊肌肉过度紧绷。

＊焦虑过度，会造成换气过度症候群，此时会心跳加速、心悸出汗、感觉呼吸不到空气、四肢肌肉僵硬、嘴唇手脚趾针刺麻木感、头晕、晕倒。越紧张会越恶化!

子宫颈活动期(打开3~4厘米到全开)

待产妇可根据自己的喜好，变换各种姿势，例如可以走动、慢舞(搭或抱着陪产者慢慢摇晃)、半坐卧、侧躺，等等。

注意

此时子宫颈尚未全开，还不可以用力，若过早且不当地向下用力，胎儿会下降太快，造成子宫颈裂伤、大出血或肿胀打不开，反而使产程无法顺利进展。

呼吸方法

＊目的：分散疼痛注意力、避免太快用力。

＊诀窍：疼痛时开始调节呼吸，反复循环至该次产痛结束。

＊吸气：深吸气2~3秒。

＊吐气：浅哈气法，每0.5秒轻哈气一次，大约哈6次，如此就不容易向下用力。

避免

＊床头摇太高。

＊过早用力，胎儿下降太快会伤到子宫颈。

＊肌肉紧绷过度，会太快耗光力气。

＊焦虑过度，会造成换气过度症候群。

＊把握第二产程，开始用力

这时子宫颈已经全开，产妇最重要的任务，就是配合子宫收缩来用力。摇高床头、双腿跨开，准备用力推出宝宝！

呼吸方法

＊目的：产痛发生时把握时机向下用力，此时用力效果最好！

＊吸气：深吸口气(1-2-3-4-5-)、憋气用力(1-2-3-4-5-6-7-8-9-)，如解大便般向下推出胎儿，一口气越长越好。

＊吐气：快速吐气完，赶快再进入下一次吸气用力。但在胎头快生出时，医师会要你不要太用力，以免会阴撕裂伤太严重；快要娩出胎儿肩膀时，医师会要产妇暂时放松、哈气，等医师抓好宝宝身体。

避免

＊尖叫：会浪费力气！

＊惊慌：要赶紧把握时机用力。

＊焦虑过度，会造成换气过度症候群。

＊不痛时，待产妇可以这样做

＊尽量地休息、放松、保留体力。

＊想一些感到愉快的事。

＊尝试做一些促进舒适的措施，如下床走动、按摩。

＊经常排空膀胱。

＊多摄取水分、果汁、饮料等。

＊感到子宫收缩时，再以呼吸来调节阵痛的不适。

＊陪产者可以做的事

＊提醒并协助产妇正确的呼吸法。

＊协助产妇喝水及吃一些容易消化的食物。

＊给予加油、支持与鼓励。

＊若产妇有需要，帮产妇按摩腰背。

＊搀扶产妇去上厕所。

＊询问医护人员产程的进展。

＊需要时，与医生讨论，帮忙产妇决定。

＊不要惊慌。

＊不要干涉医护人员的决定。

＊若感觉压力太大时，站远一些，让自己喘口气。

＊待产时准爸妈常见问题

Q 阵痛时大叫，会浪费力气吗？

阵痛时大叫确实会浪费力气！因为大家都有这样的体验——用力时要闭嘴，如此胸腔气体比较多，胸膈比较好往下用力推。若产痛时大叫，胸膈不会往下推，痛的只是喉咙！不过阵痛时大吼大叫跟个人个性及忍耐力有关，有人对痛的忍耐力低，一点点痛就一直叫；也有产妇从头到尾不吭一声的，忍耐力极高。

较好的方法是，在阵痛时能配合医护人员正确的指导与呼吸，陪产者给予支持与安抚，会减轻产痛的感觉，也才能有效地用力。

Q 到底该如何用力？

产妇经常用错力，不但白费力气，也会造成产道严重肿胀。建议产妇将用力焦点放在肛门口，方法是：双手抓住东西往后拉、抬头看肚脐、屁股往前挪，这样就会将力气用在肛门口了！

Q 我不生了?！

“我要剖宫！”“我不生了！”在待产室经常听到产妇这样叫着！因为她们实在痛到受不了，或生太久了！那怎么

办呢？通常医护人员会给予鼓励，例如告诉产妇："不用怕，我们会帮你，我们评估你应该可以自然生，加油！"但假如医生评估发现需要剖宫产时(见剖宫产适应证)，为了母婴安全，则会跟产妇及家属说明改采剖宫产的必要性。

Q 剖宫产适应证包括哪些？

以医学角度来看，自然产是利多于弊，但有些情况，自然产对母亲或胎儿会有不良影响，这时就必须剖宫生产。常见的剖宫产适应证包括：前胎剖宫产、子宫有手术病史、胎位不正、产程迟滞、胎儿窘迫、前置胎盘、胎盘早期剥离等。

* 结语

很多妈妈都表示，生完孩子后，那些产痛都忘记了！因为，生产是一件很自然的事、很美妙的过程！虽然当时真的很痛(但也有少数产妇没那么痛，或只感觉酸)，但听妈妈们聊生产的事，就跟男生聊当兵的事一样——聊不完，就可以知道其中的奥妙！

生产有待您去面对与体会，但首先要认识产程，并了解如何配合产程来正确用力与呼吸，那么生产将不是一件那么令人害怕的事。祝您生产顺利，迎接可爱宝贝的到来！

生产过五关

孕妈妈生产能不能过关？不是考口试、笔试，而是考孕妈妈体能及生产技能，重点在于体力、毅力、信心及战斗力。产科医生是孕妈妈的教练及宝宝接生者，产房护士是孕妈妈及宝宝协助者，爸爸是孕妈妈及宝宝的守护者。大家要协力合作，帮孕妈妈过五关，顺利生产。

＊第一关：阵痛

生宝宝首先须有子宫收缩(阵痛）才能让子宫颈口打开，全开后孕妈妈才能使用腹肌力量，将宝宝一步一步往阴道推下来。问题是有些孕妈妈无法耐受阵痛，又无法掌握呼吸技巧，导致产程拖延，苦不堪言。此时准爸爸这个“生产守护者”若能学会让孕妈妈左侧躺，帮孕妈妈按摩背部、腰部，及安抚孕妈妈将注意力集中于呼吸，将有助于减轻孕妈妈的疼痛，使宝宝得到足够的氧气，产程顺利进行。

变换姿势、淋浴、按摩、使用生产球、调解呼吸等，均能减轻孕妈妈疼痛。如果还是不行时，可以选择无痛分娩，由麻醉医生采脊椎外麻醉，让子宫颈口扩张时，能减缓疼痛，让孕妈妈能得到几个小时休息储存体力再战。无痛分娩后有时会让胎儿心跳减慢，此时医护人员会要孕妈妈左侧躺，给氧气，静脉输液，关掉催生素，大部分宝宝心跳减慢会恢复正常。无痛分娩后有时会让产程延长、收缩减弱，此时可将无痛分娩剂量调降，让阵痛维持在可以忍受范围内，又不至于影响产程进展。

＊第二关：产程

产科医生会根据产程进展图来了解孕妈妈是否有产程迟滞问题。产程迟滞有可能发生在第一产程或第二产程，若是在第一产程，主要原因大多是子宫收缩压力及时间不足、子宫颈不够成熟或软化、胎头位置不正确、过量或过早使用镇静剂、胎头骨盆比例不符等。至于第二产程迟滞的常见原因，则包括了胎头骨盆比

例不符、胎头位置不正确、子宫收缩不良、孕妈妈力竭无法有效使力将胎儿娩出等。

减少产程迟滞的方法，在于不要将胎宝宝养得过大，平时注意不要摄取过多淀粉类、高热量食物及过甜水果。孕妈妈36周后要勤于运动，如爬楼梯、蹲踞、屈膝抱腿、深呼吸运动。孕妈妈生产能不能过关？不是考口试、笔试，而是考孕妈妈体能及生产技能，重点在于体力、毅力、信心、战斗力。

孕妈妈用力时请先深深吸一口气(最好能撑15秒)，然后憋住气，使用腹部肌肉力量将宝宝往阴道推下来(像解便一样)。当宝宝的头挤压、撑薄会阴时，孕妈妈会觉得有爆裂的感觉，此时不要退缩也不要急于想让宝宝出来，蛮横用力让宝宝的头暴冲出来，容易造成孕妈妈阴道会阴严重撕裂伤。稳定持续用力将宝宝的头生出来，此时产科医生会要你再深吸一口气往下用力生出宝宝的肩膀，之后孕妈妈就可以放松不要再用力，宝宝的身体和脚随着出来。等产科医生将宝宝剪断脐带后，孕妈妈就可以与宝宝相见了。

* 第三关：胎儿心跳

待产中有些宝宝会因脐带压迫、胎盘剥离、胎盘功能不好，导致宝宝心跳速率减慢，心跳变异性差，胎儿窘迫的情形。此时医护人员会要求孕妈妈左侧躺，给氧气，静脉输液，关掉催生素，密切观察宝宝心跳是否恢复正常。如果胎儿窘迫无法恢复正常，产科医生会与孕妈妈、准爸爸讨论剖宫生产。

有时严重的急性胎儿窘迫，须当机立断赶快准备送手术室紧急剖宫生产。此时孕妈妈准爸爸须尽量保持镇定配合紧急手术准备，请你们不断跟宝宝对话告诉宝宝你们很爱他(她)，剖宫出来时记得一定要让宝宝哭大声一点，肺部才会扩张，肤色才会红润。

* 第四关：胎儿娩出

有极少数宝宝头出来了，产科医生却发现宝宝肩膀不容易出来，有肩难产情形。此时医生与护士会采取一些必要步骤来帮助宝宝肩膀通过产道。

肩难产指的是胎儿的头可以顺利通过产道，但肩膀无法顺利地通过产道。肩难产目前没有可靠的方法可以事先诊断，只有在胎头娩出之后，发现肩膀无法顺利通过产道才得以确定诊断肩难产。

肩难产的危险因素包括：经产妇(曾经有肩难产或生巨婴病史)、糖尿病、巨婴、肥胖孕妇、骨盆窄小孕妇、第二产程过长……但是这些危险因

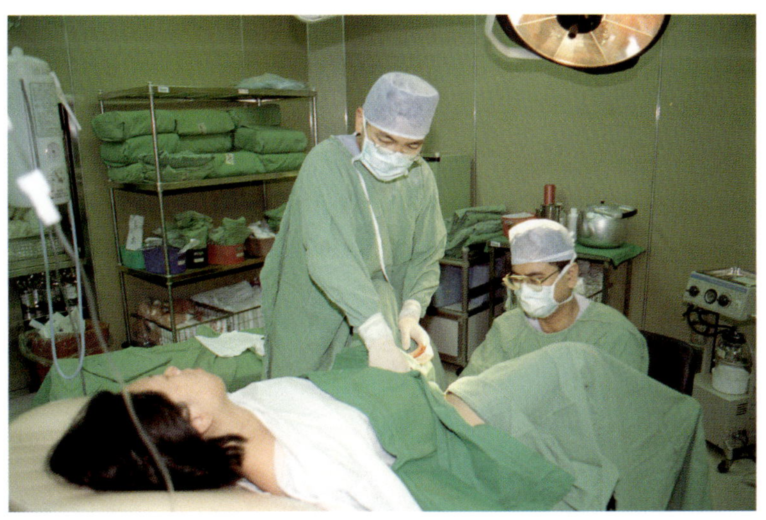

素均无法有效地来预测肩难产。虽然越大的宝宝较容易发生肩难产，但是有一半以上的肩难产是发生在4000克以下的宝宝。因为可能宝宝大，孕妈妈也同时有大骨盆；孕妈妈有小骨盆，宝宝可能也很瘦小。临床上，产科医生很难去预知哪一次生产会发生肩难产。

有极少数宝宝在试图奋力挤压旋转通过孕妈妈骨盆腔时，在产道内发生锁骨骨折；大部分宝宝锁骨骨折恢复良好，孕妈妈、准爸爸不要太担心。孕妈妈好好控制怀孕体重，避免把宝宝养得过大过壮、产前勤运动、生产屈膝抱腿用力时，记得将大腿尽量往外往上展开，是最基本最好的减少生产并发症方法。

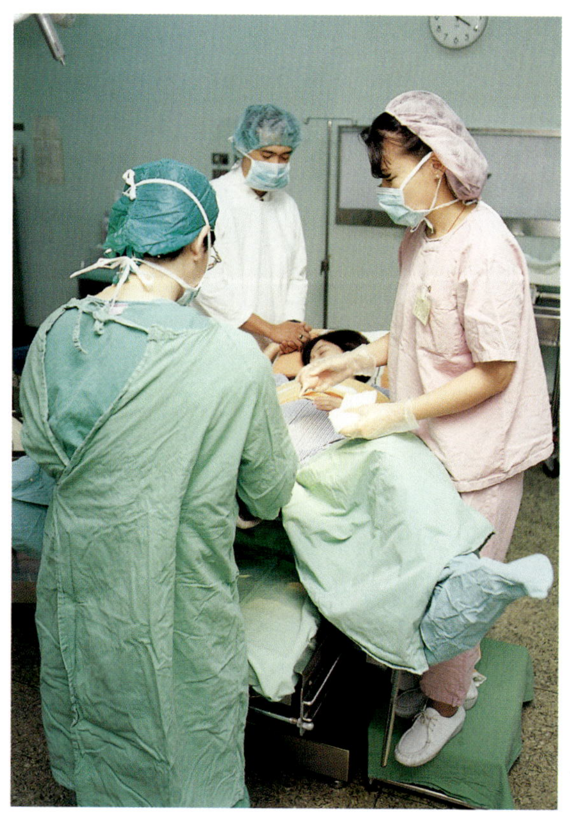

＊第五关：产后

当宝宝生出后，所有痛楚都烟消云散，见到宝宝可爱的样子，孕妈妈一切的辛苦都是值得的。接下来医生会按压子宫将胎盘拉出，孕妈妈这时候会有些不舒服，但是不必用力，持续深呼吸，放松即可。胎盘出来后，医生会检查宝宝经孕妈妈产道所造成的裂伤，施打局部麻药后加以缝合。如果有剪会阴，医生也会一并缝合。然后按摩子宫让它收缩良好，减少出血量。

少数胎盘黏贴子宫内膜过紧，医生有时须用手伸进子宫内剥离胎盘，或行刮宫术清除胎盘组织。极少数胎盘组织过于紧密黏贴子宫内膜或深入子宫肌层(植入性胎盘)，剥离胎盘时会大出血，有时须行紧急动脉栓塞术或子宫切除来止血救命。

大部分的孕妈妈都能过五关顺利生产，产后会在产房观察1小时，此时孕妈妈须继续按摩子宫，当然也可由爸爸代劳。住院三天观察恢复情形，如果孕妈妈恢复良好，宝宝检查正常，爸爸就可以带妈妈和宝宝回家，从此过着幸福快乐的日子。

过期妊娠别心慌，及时取得医生的建议

一般来说，当孕妈妈的妊娠达到或超过42周时即为过期妊娠，它的发生率占妊娠总数的3%~15%。过期不产，对孕妈妈自身和胎宝宝都会带来很大危害：

1 过期妊娠常和胎宝宝宫内缺氧、新生儿窒息密切相关。由于胎盘出现老化现象，胎宝宝的营养受到限制，胎宝宝不再继续生长发育，表现得过度成熟，容貌像个“小老头”：没有胎脂，皮下脂肪减少，皮肤干燥、松弛又多皱褶，体重偏轻，羊水也进行性减少。这种类型的胎宝宝非常容易在有宫缩后，因为胎盘缺氧而发生窒息死亡。

2 过期妊娠容易使得胎宝宝成为巨大儿的概率增加，胎宝宝过度成熟后头颅骨钙化明显，不能变形重叠，再加上胎宝宝巨大，所以分娩时很难通过狭窄、复杂的产道，因而导致孕妈妈难产的概率大大增加。

孕妈妈如果到了预产期仍不见动静，先别心慌，及时去医院检查。大部分过期妊娠都是由于没有坚持正规产检造成的，如果在有规律的产前检查的情况下，通过医生的严密监护和指导，过期妊娠是完全可以避免的。

有了正规的产前检查，对已超过预产期而迟迟不分娩的，医生会对孕妈妈及胎宝宝进行评估，如果胎宝宝巨大、孕妈妈骨盆较小，阴道分娩有困难或胎盘功能检查显示减退者，就会考虑行选择性剖宫产术；如果胎头和孕妈妈骨盆相称，宫颈条件好，胎盘功能正常则可在超过预产期一周到10天内入院，通过人工的方式引产。应用这些方法以后，宝宝均在1~3天中娩出，从而避免过期妊娠的发生。

专家指导

为了确保母胎平安，孕妈妈在怀孕期间一定要定期进行产前检查，临近预产期时可以增加产检频率，如超过预产期还不临产，切不可待在家中观望，应请医生查明原因，配合医生采取措施。

提前学一点对新生儿有用的知识

等胎宝宝一出生，就需要进行喂养和护理，孕妈妈提前学一点新生儿护理与喂养知识，是非常必要的，这样到时候就能从容应对了。

＊给宝宝喂奶的常识

1 在宝宝表示需要的时候喂奶给他，也许他会每隔一个小时就哭醒了要吃奶。如果他在夜里哭了要吃奶，妈妈最好尽可能在宝宝哭得很伤心以前喂奶给他。

2 要是妈妈是母乳喂养，你就可以找一个安静、不容易让他分神的地方喂他。妈妈越有舒适感，宝宝就越感到放松和安全。

3 准备一个哺乳用的枕头，哺乳时把宝宝放在一个枕头上可以有效避免背痛以及胳膊酸痛。

4 宝宝吃奶后要确保打出饱嗝儿，不然，宝宝的胃会感觉不舒服，继而就可能会哭闹。

5 新生儿活动不多，对水的需求不多，如果宝宝按时喝奶，在营养和水分的供应上应是足够的，一般3个月之内的宝宝可以不需要再额外喝水，单独喝水主要是为了清洁口腔。

＊给宝宝洗澡穿衣的常识

1 宝宝的皮肤柔嫩，容易受伤、发生感染，因此给宝宝洗涤的盆要专用，保持干净。

2 洗澡前先把要更换的衣服套好，尿布叠好，柔软的小毛巾、大浴巾或婴儿毛巾被、婴儿皂、爽身粉等要备齐。

3 给新生儿洗澡时室温要高些，水温在35°C~40°C，先试水温，水的深度要盖过宝宝全身的大部分。

4 给新生宝宝洗澡的正确方法：洗澡时，先给宝宝脱去衣服，如在冬天，要注意保温，将宝宝抱起，用左手及左前臂托住宝宝的头颈的背部，用大拇指及中指捏着两耳孔，防水入耳，洗洗头脸；然后将婴儿放入盆中，用手迅速地洗，特别是颈下、腋下、耳后、腹股沟及皱褶部，洗净出水时，用双手将宝宝抱出，放在浴巾上裹好，轻轻地给宝宝抹干，要注意抹干腋下、颈下皱褶处，适当地涂点婴儿爽身粉，保持皮肤光滑。

5 宝宝更衣除了洗澡时进行外，还常常因为溢奶弄脏衣服或者尿湿衣服而增加换衣服次数。宝宝皮肤娇嫩，水分排泄比成人快，易出汗也需要更换衣服。在冬天，一般家庭室温较低，可减少换衣服次数，每周1~2次，对部分溢奶、流口水的小婴儿，可在胸前围上口水罩或柔软手帕，以避免弄脏衣服。

6 小婴儿对外界刺激反应弱，适应能力低，换衣服时暴露的皮肤易受室内气温的影响，如果妈妈的动作慢，很容易着凉而引起感冒，因此每次换衣服的时间尽量缩短，先将要换的干净衣服从里到外一件一件地事先套好，可以减少分别穿的麻烦。

7 冬天换衣服时最好先把衣服烘热，洗澡时用小毛巾擦洗皮肤，促进皮肤毛细血管发育，有利血液循环，又增强抗病能力。平时换衣服，大人可坐在床上，然后把宝宝抱在怀里，前面盖上毛巾或被子，这样不仅宝宝的身体接触外面减少，而且在被窝里暖和，不容易受凉而感冒。

* 清理脐带的常识

宝宝的脐带需要小心对待：将棉球在外用酒精中浸泡后，再轻轻慢慢地擦拭脐带，这样可以起到消毒的作用，而且不必担心感染。

* 辨别宝宝哭声的常识

宝宝无法说话，他用哭声来表达自己，但如果不知道怎么辨别宝宝哭声，妈妈可能感到害怕和不知所措，一般来说，宝宝哭是因为饿了、尿布湿了、累了、渴了等，如果这些都不是原因，那么宝宝可能就是想哭了，爸爸妈妈抱一下他就会好了。

和宝宝接触一段时间后，妈妈就会了解宝宝需要的是什么了。

* 宝宝的睡眠的常识

在宝宝出生后的最初几个星期里，他饿了才哭着要喝奶，否则就一直在睡觉。

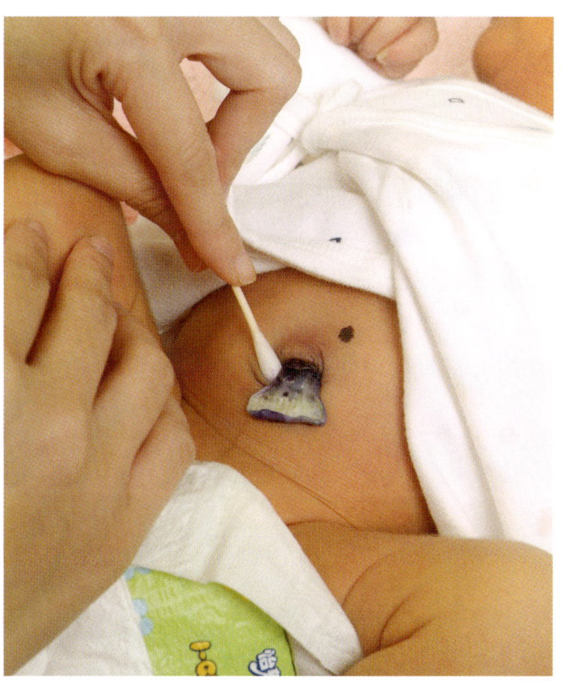

专家指导

新生儿需要的不仅是充足的乳汁、温暖的摇篮，他对妈妈肌肤接触有偏好，喜欢有生命的东西，因此妈妈要多抱抱他，为他穿衣、洗澡，逗他笑，这样能给他未来性格注入丰富完善的元素，促进智力的发展。

胎教在生活的点滴中

胎教的良好效果体现在坚持上

胎教可以开发胎宝宝各方面的潜能。我们知道，受过良好胎教的宝宝出生后带有很多的优点，身体健康、智力发育比较快、漂亮、聪明、活泼可爱、可塑性比较强，但是，要达到好的胎教效果并非一两天所能做到的，需要孕妈妈和准爸爸长期坚持、充分开发，这样才能使宝宝的潜能得到最好的发挥。

另外，孕晚期胎宝宝各器官、系统发育逐渐成熟，对外界的各种刺激反应更为积极，适当的胎教可以给胎宝宝身体和神经更多的良性刺激，促进胎宝宝的智力和身体的发育。所以，孕妈妈在孕晚期最好不要轻易放弃对胎宝宝的胎教训练。

同时，为了巩固胎宝宝在孕早期、孕中期对各种刺激已形成的条件反射，孕晚期更应坚持各项胎教内容。孕晚期，孕妈妈由于动作笨拙、行动不便，很容易放弃胎教训练，这样不仅影响前期训练对胎宝宝的效果，而且影响身体与生产的准备。

专家指导

胎教的方法很多，从始至终坚持胎教也许看上去不是件容易的事情，不过相信孕妈妈和准爸爸能够为了胎宝宝而付出自己的爱、耐心与时间。

胎教成果还需要出生后进行巩固

胎教需要坚持，也需要巩固。胎宝宝接受的各种训练，比如英语训练，如果出生后不再坚持练习，胎宝宝很快就会忘记，非常可惜。因此宝宝出生后，妈妈仍然需要重复之前的胎教内容，不要让宝宝把这些美好的记忆忘掉。

宝宝出生后是巩固胎教成果的最佳时机。从出生起，只要胎宝宝醒着，妈妈和爸爸就应该多和他说话，给他读读过的故事，听听过的音乐，以加深他的印象，有助于唤醒宝宝最初的记忆，妈妈要多给宝宝唱熟悉的歌曲，这能令宝宝对妈妈更亲近。还可以把曾用于胎教的实物，比如闪光卡片、玩具等，再次摆在他面前，他在胎内学过的东西，会逐渐反馈回来，并作出反应。

欣赏名画《第一步》

这幅画是梵•高临摹自米勒(19世纪法国杰出现实主义画家)的同名作品。画面近景是一块耕地，远景是农民的房屋，房屋被几棵树挡住。画的右方，一位农妇扶着小女儿在学步，农妇低头专注地看着小女儿；左方是小女儿的父亲，他蹲在地上张开双手，鼓励小女儿向前走，小女儿伸手朝向父亲，似乎很想扑到父亲身边。

画面有很明显的梵•高个人风格：用色鲜明，色彩斑斓，多用蓝、黄和绿色，明亮度比较高，贴近自然，人物线条以厚实的黑色加框，让画面有实实在在的朴素感觉。

* 胎教点读

这是一幅温馨的画，画面中弥漫着育儿乐趣及一家人在一起的朴素亲情，相信这种温暖的感觉会令孕妈妈受到感染，让胎宝宝感到温暖，感受到生命的活跃与实实在在，平凡中满溢着和谐、慈爱、生机盎然。

为让胎宝宝对艺术的了解更深入，孕妈妈可以给胎宝宝讲讲名画背后的故事，尤其是画家的故事，这对理解画作很有帮助，这幅画的作者梵•高是油画史上具有开创意义的画家之一。

梵•高：1853年生于荷兰，少年时为画商工作，后来开始绘画，对他产生影响的有著名画家鲁本斯、日本版画和著名画家高更，他喜欢用色彩表达强烈的感情，对野兽派及德国的表现主义有巨大影响。

梵•高一生敏感而易怒，聪敏过人，思想超前，因此生前在许多事情上很少取得成功，生活不幸而且艰辛，在他短短的37年生命中，他把自己的爱、友谊和对艺术的热情用画贡献给了这个世界。

讲故事《春天的第一朵花》

天气凉了，漂亮的蝴蝶想，我该睡觉了。她就去找树缝，找呀找，刚找到树缝，小松鼠花花看见了，不由得叫起来：“哇，多美丽的蝴蝶呀！能让我看你跳舞吗？”

蝴蝶想，如果我不跳，花花会失望的。于是，她就跳了起来，舞步轻盈如风，飘飘如云。小松鼠花花眼都看花了，他不停地喝彩：“太棒了！太棒了！”

花花的叫声惊动了其他小松鼠。他们对蝴蝶说：“请你再跳一个舞给我们看看，行吗？”

“好吧！”蝴蝶很疲倦了，她只想睡觉，可是为了不让小松鼠们失望，她还是跳了起来。跳呀跳呀，一个又一个，小松鼠们不停地为她喝彩叫好……蝴蝶跳着跳着，终于睡着了。"咦，她怎么啦？"小松鼠们惊讶了。他们赶紧把蝴蝶送到动物医院。山鸡医生查了查，笑起来："她太累了，她睡着了。"

"她睡着了，什么时候才能醒来呢？"

"她要睡一个冬天呢！"

"肯定是什么特别的原因，才会使蝴蝶在跳舞时睡着了。"小松鼠们谈论着。

"对呀，她是为了让我们看到她的舞姿才这样的。"小松鼠花花想起来了，他把前前后后的事情讲给山鸡医生听。医生听了也很感动："你们要好好地保护她，让她安全过冬。"

"放心吧，我们会做到的。"小松鼠们说。

小松鼠们将蝴蝶放在花花的家里，大家轮流陪着她，每天都在她床前唱歌。他们说："蝴蝶在睡梦里一定会听到我们的歌声的。"

过了一天又一天，当春风吹散了冬天的雪花时，蝴蝶在小松鼠们的歌声中醒来了。她一看到小松鼠花花，马上想起了睡觉前的事，便一跃而起说："花花，是你陪了我一个冬天？"

"不，是我们——所有看你跳舞的小松鼠。"花花说。

小松鼠们听到响声，都把头探了进来："啊，你醒过来了！"

蝴蝶很感动，她一边说谢谢，一边跳起了轻盈的舞，小松鼠们伴着她的舞步唱起歌来："春天来了，春天来了，我们的友谊像花朵一样开放了……"

春天里第一朵美丽的花绽开在小松鼠花花的家里，瞧，这花儿有多美呀！

＊胎教点读

这个世界上最美的东西之一莫过于友谊，互帮互爱让小松鼠和漂亮的蝴蝶成了好朋友，来年春天，它们的友谊像最美的那朵花儿一样开放了。

孕妈妈给胎宝宝讲一讲这个美丽的故事吧，让胎宝宝知道，他即将到来的这个世界也会充满爱与关怀，爸爸妈妈都会爱护他，陪他迎接一个又一个美丽的春天。

阅读优美的文学作品《猫》

猫（节选）

老舍

猫的性格实在有些古怪。说它老实吧，它的确有时候很乖。它会找个暖和地方，成天睡大觉，无忧无虑，什么事也不过问。可是，赶到它决定要出去玩玩，就会走出一天一夜，任凭谁怎么呼唤，它也不肯回来。说它贪玩吧，的确是呀，要不怎么会一天一夜不回家呢？可是，及至它听到点老鼠的响动啊，它又多么尽职，闭息凝视，一连就是几个钟头，非把老鼠等出来不拉倒！

它要是高兴，能比谁都温柔可亲：用身子蹭你的腿，把脖儿伸出来要求给抓痒，或是

在你写稿子的时候，跳上桌来，在纸上踩印几朵小梅花。它还会丰富多腔地叫唤，长短不同，粗细各异，变化多端，力避单调。在不叫的时候，它还会咕噜咕噜地给自己解闷。这可都凭它的高兴。它若是不高兴啊，无论谁说多少好话，它一声也不出，连半个小梅花也不肯印在稿纸上！它倔犟得很！

是，猫的确是倔犟。看吧，大马戏团里什么狮子、老虎、大象、狗熊，甚至于笨驴，都能表演一些玩意儿，可是谁见过耍猫呢？（昨天才听说：苏联的某马戏团里确有耍猫的，我当然还没亲眼见过。）

这种小动物确是古怪。不管你多么善待它，它也不肯跟着你上街去逛逛。它什么都怕，总想藏起来。可是它又那么勇猛，不要说见着小虫和老鼠，就是遇上蛇也敢斗一斗。它的嘴往往被蜂儿或蝎子蛰得肿起来。

赶到猫儿们一谈起恋爱来，那就闹得一条街的人们都不能安睡。它们的叫声是那么尖锐刺耳，使人觉得世界上若是没有猫啊，一定会更平静一些。

可是，及至女猫生下两三个棉花团似的小猫啊，你又不恨它了。它是那么尽责地看护儿女，连上房兜兜风也不肯去了。

猫可不那么负责，它丝毫不关心儿女。它或睡大觉，或上屋去乱叫，有机会就和邻居们打一架，身上的毛儿滚成了毡，满脸横七竖八都是伤痕，看起来实在不大体面。好在它没有照镜子的习惯，依然昂首阔步，大喊大叫，它匆忙地吃两口东西，就又去挑战开打。有时候，它两天两夜不回家，可是当你以为它可能已经远走高飞了，它却瘸着腿大败而归，直入厨房要东西吃。

过了满月的小猫们真是可爱，腿脚还不甚稳，可是已经学会淘气。妈妈的尾巴，一根鸡毛，都是它们的好玩具，要上没结没完。一玩起来，它们不知要摔多少跟头，但是跌倒即马上起来，再跑再跌。它们的头撞在门上、桌腿上和彼此的头上，撞疼了也不哭。

它们的胆子越来越大，逐渐开辟新的游戏场所。它们到院子里来了，院中的花草可遭了殃。它们在花盆里摔跤，抱着花枝打秋千，所过之处，枝折花落。你不肯责打它们，它们是那么生气勃勃、天真可爱呀。

* 胎教点读

与人一样，每个小动物都有自己独特的个性，这篇优美的散文中，老舍用平实的语言为我们描述了他养的几只猫，这个猫家庭中的成员个个都有自己的特点，它们调皮、可爱、聪明、勇敢、有小脾气、生机勃勃，每一个都让人忍不住喜欢。

胎宝宝也已经长成了一个有性格、可爱乖巧的小人儿，给胎宝宝读一读这篇散文吧，让胎宝宝在生动有趣的文字中走进这个猫家庭，体会猫咪们带来的无限乐趣。

听音乐《第一钢琴协奏曲》

《第一钢琴协奏曲》是俄国作曲家柴可夫斯基所作，是他最著名和最具有代表性的钢琴协奏曲之一，是真正开朗的情绪和乐观主义的深刻体现，称得上是19世纪俄罗斯钢琴音乐的一个顶峰，也是19世纪欧洲音乐艺术中最具天才的创作之一。这首《第一钢琴协奏曲》，以新颖明晰的素材，表达了对光明的向往和对生活的热爱，曲调中充满了青春与温暖的气息。

孕妈妈反复倾听那些小提琴与钢琴的合奏、有力的和弦、钢琴的伴奏，及生动活泼的快板时，会感觉犹如波涛起伏的大海，又像是和煦扑面的春风，好似灿烂的阳光铺满了生活的大地，真正感受到生活的美好，胎宝宝接受了这些美好的心理信息后，也会产生美的感受。

* 胎教点读

孕妈妈临产阶段，除了可继续听之前听过的乐曲外，还可多听一些安谧、优美、恬静或欢快的乐曲，如《喜洋洋》、《春天来了》、《小夜曲》等，它们对于孕妈妈安缓情绪、调适紧张感是有好处的，能令胎宝宝顺利产出。

产前不妨简单练习盘腿坐

为了让分娩更顺利，孕妈妈在产前可以坚持做一些力所能及的运动，一些简单、安全、舒适的运动是比较适合这个阶段的孕妈妈的，下面我们为孕妈妈介绍一种这样的运动——盘腿坐练习。

这个练习是临产前的准备练习，可以增加背部肌肉的力量，使大腿及骨盆更为灵活，并且能改善身体下半部的血液循环，使两腿在分娩时能很好地分开，具体做法是：

1 地上垫上垫子，孕妈妈轻轻坐下，保持背部挺直。

2 两腿弯曲，使脚掌相对，让脚尽量靠近身体。

3 两手抓住脚踝，两肘分别向外压迫大腿的内侧，使其伸展。

4 保持这种姿势20秒。

5 重复第2~4步数次。

孕妈妈也可两腿交叉而坐，也许会感到更舒服，但在做的过程中要注意不时地更换两腿的前后位置，以免阻碍血液循环。如果感到盘腿有困难，可以在大腿两侧各放一个垫子，或者背靠墙而坐，但要尽量保持背部挺直。

动脑时间——图中有多少个三角形

画中的小男孩名叫小杰，画中的场景是他家的院子，这幅图中有很多图形，长方形、三角形、圆形等，它们全部都是由画面中的实物构成的，比如桌子、花坛、躺椅等，这些实物可以帮助胎宝宝更好地认识图形。

同时，这幅画还可以玩很多趣味游戏，比如找出其中的三角形，这还能帮助胎宝宝开发智力。孕妈妈快来找找看，在这幅画中你能找出多少个三角形呢？

（这个题目我们不为孕妈妈提供参考答案，因为人的潜能是无限的，孕妈妈可以尝试着找出尽量多的图形来，这会让孕妈妈很有成就感，也有助于给胎宝宝良性刺激。）

作好升级做妈妈的准备

宝宝诞生后，孕妈妈就正式升格为新妈妈了，这不仅仅是角色转变了，还意味着自己多了一份责任，孕妈妈要为顺利地进入角色提前作好心理准备，因为熟悉新妈妈的角色需要时间。

为了帮助孕妈妈快速进入角色，我们给孕妈妈提供了以下几点建议，相信孕妈妈通过调整，一定能顺利地适应当妈妈的感觉。

* 和宝宝建立亲密关系

在最初的几个月里，由于换尿布、喂奶、拍嗝儿、哄睡觉等琐碎的事情，新妈妈可能感到手足无措、力不从心，甚至怀疑自己是否真的能够胜任妈妈的角色，但是新妈妈要相信，宝宝出生后最需要的人是你，没有谁会比妈妈更了解宝宝，要坚持与宝宝互动：

1 尽量多看宝宝的眼睛，给他足够的关注，用眼神和他交流，并给他鼓励。

2 尽量满足宝宝想和妈妈亲近的愿望，多抱抱他，坚持为他洗澡、穿衣，让他随时都能体会到你对他的爱。

＊注意和新爸爸的沟通

宝宝出生后，新爸爸、新妈妈的生活都发生了巨大的改变，而新妈妈需要日夜照顾宝宝，常常忽略了新爸爸，与宝宝更亲密一些，而新爸爸好像落单了，新爸爸虽然会努力习惯宝宝拥有更多的爱，但感情上可能会失落，新妈妈要注意与新爸爸的沟通。

新妈妈可以经常单独和新爸爸相处，比如早上宝宝还没醒时，彼此互相沟通，说说宝贝，也说说各自的事和感受，交流是最好的安慰、理解和支持，也避免关系疏远。

＊照顾好自己

照顾宝宝对新妈妈的体力和情感都是一项挑战，为了更好地照顾宝贝，新妈妈需要照顾好自己，这样才有可能更好地照顾宝宝：

1 尽量多休息，保证睡眠，按照宝宝的作息时间来安排活动。宝宝睡觉的时候，新妈妈也应尽量睡，否则很容易疲倦。

2 除了照顾宝贝，新妈妈也要给自己留一点时间，可以去看望朋友、和新爸爸说说话、看看喜欢的书等，如果生活内容全部被宝宝占满，会因为失去自己的乐趣而得不到缓解。

＊和外界沟通

新妈妈没有太多的育儿经验，这需要学习并不断实践，这个过程很长，新妈妈要多认识其他新妈妈，听听她们的经验，交流一下各自的感受，这会帮助新妈妈更容易地度过困惑期。

专家指导

养育一个新生宝宝可能并不如想象中那么美好，而是充满了劳碌和疲累，但新妈妈要知道，母亲的角色是任何人都无法替代的，母爱是每个宝宝都最需要的，而每个新妈妈都是从束手无策、手忙脚乱中走过来的。

巧克力，临产妈妈的得力帮手

孕妈妈在临产前要多补充些热量，以保证有足够的力量促使子宫口尽快开大，从而顺利分娩。

分娩时可能无法想吃什么就吃什么，我们向孕妈妈推荐巧克力，它可以充当“助产大力士”，可以算得上是“分娩佳食”。

一来它营养丰富，含有大量的优质碳水化合物，而且能在很短时间内被人体消化吸收和利用，产生出大量的热能，供人体消耗。

二来它体积小、发热多，而且香甜可口，吃起来也很方便，孕妈妈只要在临产前吃上一两块巧克力，就能在分娩过

程中产生出更多热量。

据测定，每100克巧克力中含有碳水化合物50克左右，脂肪30克左右，蛋白质15克以上，还含有较多的锌、维生素B_2、铁和钙等，它被消化吸收和利用的速度是鸡蛋的5倍、脂肪的3倍。

因此，孕妈妈在临产前可以多备几块巧克力，需要时吃一点，这对母婴都十分有益。

专家指导

虽然孕妈妈临产前吃巧克力帮助很大，但平时孕妈妈千万别贪吃巧克力，原因正是巧克力大量的热量，过量的热量将使得孕妈妈肥胖，不利于胎宝宝的健康，也不利于顺利分娩。

为孕妈妈的体力加分的美味鲜汤

临产阶段，孕妈妈可以通过调整饮食来为分娩甚至坐月子打好基础，合理的营养将给孕妈妈带来充足的体力，同时也能为健康带来益处。

我们为孕妈妈量身选择了三款美味的汤，适合孕晚期妈妈的口味和生理需要，孕妈妈不妨尝试一下：

* 鱼头汤

材料：大鱼头1个，五花肉、香菇少许，姜丝、豆腐、大白菜、盐、植物油各适量。

做法：

1 五花肉、香菇切丝，鱼头用油煎到半熟。

2 锅里放少许油加热后，放进五花肉、香菇丝、姜丝爆香。

3 再放入大白菜、豆腐、鱼头及水，蒸煮2小时后放进少量盐即成。

美味点评

鱼头里钙质含量非常丰富，如果和大骨汤、鸡骨汤轮流食用，可以更好地帮助孕妈妈增加体力。

美味提示

这道汤里可加入粉丝或面条，最好用土锅或陶锅来炖煮。

* 莲藕干贝排骨汤

材料：适量新鲜莲藕、干贝、排骨及少许盐。

做法：

1 干贝于前一天晚上用10倍的水浸泡至第2天，浸泡的水留着备用。

2 莲藕不削皮也不切片，留下两头的节，以整节整节的方式下锅。

3 排骨氽烫过后，将所有食材放进锅里，加进6倍的水（含浸泡干贝的水）及少许盐，开大火煮滚后，改用小火炖两个小时即可食用。

美味点评

此汤可以帮助孕妈妈改善体质，增强产力。

美味提示

莲藕最好选大一点的，排骨重量与莲藕相同，干贝取莲藕的1/10，一般以7颗为平均分量。

最好用土锅或陶锅来炖煮，吃时注意把莲藕、干贝、排骨以及汤全部都吃掉。

* 养肝汤

材料：红枣7颗。

做法：

每天取红枣7颗洗净，在每颗红枣上用小刀划出7条直纹，这样可以帮助养分溢出，然后用热开水280毫升浸泡8个小时以上，接着再加盖隔水蒸1个小时即可。

美味点评

养肝汤既可帮助孕妈妈排解麻醉药的毒性，还可减轻刀口疼痛，特别适合剖宫产的孕妈妈。

美味提示

不论自然产或剖宫产，需在产前10天开始喝，每天喝280毫升，冷热皆可，一日分2~3次喝完。

养肝汤虽好，但不能太早喝，以免上火。同样，红枣数量也不能多，7颗刚刚好，吃多了也会上火。

孕妈妈怎样吃最利于分娩

临产前正确、健康的饮食是顺利分娩的前提条件，分娩时需要很多能源来使得子宫收缩，能源与饮食密切相关，因此，孕妈妈在临产前一定要吃对、吃好。

* 合理选择食物

孕妈妈在临产前应该吃高蛋白、半流质、新鲜而且味美的食品，可以根据自己的爱好，选择蛋糕、面汤、稀饭、肉粥、藕粉、点心、牛奶、果汁、苹果、西瓜、橘子、香蕉、巧克力、鸡蛋等多样饮食。机体需要的水分可由果汁、水果、糖水及白开水补充。

* 规律用餐

孕妈妈每日进食4~5次，少吃多餐，既不可过于饥渴，也不能暴饮暴食。

孕妈妈用餐不规律，不但对胎宝宝没有好处，对自己更不利，胎宝宝完全依赖孕妈妈来获得热量，如果孕妈妈不吃饭，胎宝宝将得不到需要的营养，他会吸收孕妈妈自身所储存的营养，使孕妈妈的身体逐渐衰弱下去。

如果孕妈妈不按时用餐，这一顿不吃，下一顿吃得多，那么多余的热量就会转化为脂肪贮存起来，所以孕妈妈要避免过饥或过饱，要按时用餐并少吃零食。

* 不吃油腻的食品

临产期间，由于宫缩的干扰及睡眠的不足，孕妈妈胃肠道分泌消化液的能力降低，蠕动功能也减弱，吃进的食物从胃排到肠里的时间(胃排空时间）也由平时的4小时增加至6小时左右，极易存食，因此，最好不要吃油腻过大的油煎、油炸食品，以免长时间无法消化。

专家指导

有些长辈认为多吃鸡蛋能长劲儿，让孕妈妈一顿猛吃十个八个，甚至更多，这是不对的，人体吸收营养有限制，一般鸡蛋每顿1~2个就足够了，过多摄入不仅会加重了胃肠道的负担，还能引起消化不良、腹胀、呕吐等不良后果。

给胎宝宝做个帅气的晴天娃娃

晴天娃娃是一种悬挂在屋檐上祈求晴天的布偶，传说它能止雨，这也是它得名的原因。

动画片《聪明的一休》中，一休的妈妈给了一休一个晴天娃娃，希望保佑一休平安，晴天娃娃有自己的魅力，只要看到它灿烂的笑容，心情就会不由自主地好起来，它能给人带来快乐。

孕妈妈自制一个晴天娃娃，不仅能给自己带来快乐，将来也能给宝宝带来快乐和平安，再和胎宝宝一起体验一次手工的乐趣吧，跟我们一起来做一个晴天娃娃，不要担心，做法非常简单，而且效果也OK！

* 需要准备的材料

一块正方形的布(可选择自己喜欢的颜色)、一个乒乓球、彩色笔、绳子。

* 制作步骤

1 先把布的四个边剪成浪花状，这样制作出的娃娃，更显活泼可爱。

2 把布平铺在桌上，将乒乓球放在布的正中央，抓起布的四角，把球包在正中央，做出头的样子，用绳子系好。

3 接下来给娃娃化妆，用彩色笔画笑眯眯的眼睛、红红的小脸蛋、弯弯的嘴巴，帅气的小晴天娃娃就做好啦，可以把它挂到想挂的地方。

准爸爸做胎教

分娩前后准爸爸可以做的事

眼看着孕妈妈就要分娩了，准爸爸可以做些什么来给孕妈妈和胎宝宝最实际的帮助呢？下面的建议也许会对准爸爸有用。

＊待产时可以做的事

待产过程可能在家中，也可能在待产室度过，整个过程可能长达10~20个小时。

1 准爸爸可以在这一时期替孕妈妈补充一些营养可口的食物以储存体力。

2 用被子和枕头做靠垫，让孕妈妈调整到最舒服的姿势，或者带孕妈妈就近散散步。

3 可以用笑话来缓解孕妈妈对产痛的恐惧。

4 如果去医院比较方便，尽量让孕妈妈在家里度过分娩早期，这样精神压力要小得多，等宫缩变得有规律，差不多每10分钟一次的时候，再进入医院的待产室也不迟。

＊进入待产室后需要着手做的事

1 补充水分和食物

这一阶段孕妈妈的阵痛感受尚未达到高峰，可以多准备些她喜爱的食物，如鸡汤面、花色粥等，帮助储存足够的体力，也可准备一些牛肉干、巧克力等高能量、小体积的零食为她加油，同时要随时询问是否口渴，及时为她补充温开水，最好在水杯中附上一支长吸管，方便在半躺卧的状态下摄取水分。

2 认真观察子宫收缩与胎宝宝的心跳

准爸爸可以观察胎音以及阵痛监测器，来了解母体与胎宝宝的状况，并记录每小时中出现的阵痛次数和胎心音监测结果，提供给医生作参考。

3 协助孕妈妈如厕、换产垫

在待产过程中，护理人员会在孕妈妈的臀部下方垫上一层产垫，保持被褥的清洁。准爸爸要随时观察产垫的状况，一旦孕妈妈身下有大量液体流出，可能是羊水已破，要及时提醒医护人员处理，破水与未破水的处理方法是不一样的，这一点准爸爸要牢记。

4 帮助孕妈妈轻轻按摩减痛

有针对性地按摩可以大大缓解孕妈妈的产痛：

在孕妈妈阵痛来临时，以手掌贴住尾骨部位，以轻轻画圆的方式按摩，大腿内侧也可画圆按摩，这可以避免腿部痉挛，并放松会阴。

在阵痛间隙，可让孕妈妈趴在床边，替她按摩臀部，然后仰卧放松，用从外向里的打圈方式按摩腹部，还可以轻柔地按摩头颈、上臂和水肿的双脚，这都有利于恢复体力来迎接下一波阵痛。

＊分娩时可做的事

如果准爸爸可以陪产，可以做的事情有：

1 准确站位，并随时鼓励孕妈妈

准爸爸的站位应以不妨碍

医护人员行动为条件，可以与医生协商，一般站在孕妈妈的左侧方较好。

分娩时孕妈妈特别需要鼓励，准爸爸可以随时向她报告一下进程，给她鼓励，比如“我看到宝宝的头了，你做得很棒！”等。

2 坚持小范围的按摩

在这一阶段，按摩孕妈妈的手和脚，即使是单侧的按摩，都能对孕妈妈的情绪起到很好的安抚作用。

3 辅导孕妈妈用力和呼吸

阵痛时，准爸爸一定要辅导孕妈妈准确应对，让她睁开眼睛看肚脐，收缩下巴将嘴巴紧闭，依靠腰背部下坠和脚跟踩踏的力量将胎宝宝娩出。

阵痛间隙，准爸爸不妨轻拍孕妈妈的手臂和肩膀，让她尽量放松，然后伴随下次宫缩，手握产床旁边的把杆，将力量会到下半身。

同时准爸爸要提醒孕妈妈正确的呼吸方式：大口吸气后憋气，往下用力，吐气后再憋气，用力直到宫缩结束；当胎头娩出2/3时，要哈气，切不要用力过猛，使会阴严重裂伤。

4 补充水分

分娩过程会消耗相当大的水分，准爸爸不妨用棉花棒蘸上温开水，擦拭在孕妈妈的双唇上，以及时补充水分。

＊胎宝宝娩出后可做的事

这个时期称为后产期，是指胎盘娩出的时期，阵痛已弱，母子平安，新爸爸也可以舒一口气了，这时可以做一些后续事项：

1 拍摄整个迎接新生命的过程

如剪断并结扎脐带、过磅、护士向新妈妈展示新生儿性别、护士填写出生卡片，给孩子脚上套辨别卡片，新妈妈欣慰的笑容等，作为日后珍藏的记忆。

要提醒新爸爸的是，除非得到新妈妈允许，否则不要在娩出期录像，拍照和录像在胎宝宝娩出后最合适，此时新妈妈比较放松，也会配合拍摄。

2 继续观察陪伴新妈妈

新妈妈产后大出血有六成以上发生在产后1小时内，因此，爸爸要继续观察孕妈妈至少30分钟，预防意外发生，这一时期，孩子通常被送去清洗包裹，新爸爸可以说一些安慰和感激的话，对彼此的感情升华十分有用。

3 协助哺喂母乳

自然分娩的新妈妈，在产后半小时内就会接手照料宝宝的任务，此时她已耗尽体力，可能连把孩子抱过来吸吮母乳的力气也不够了，新爸爸可以在一旁协助新妈妈哺喂母乳。

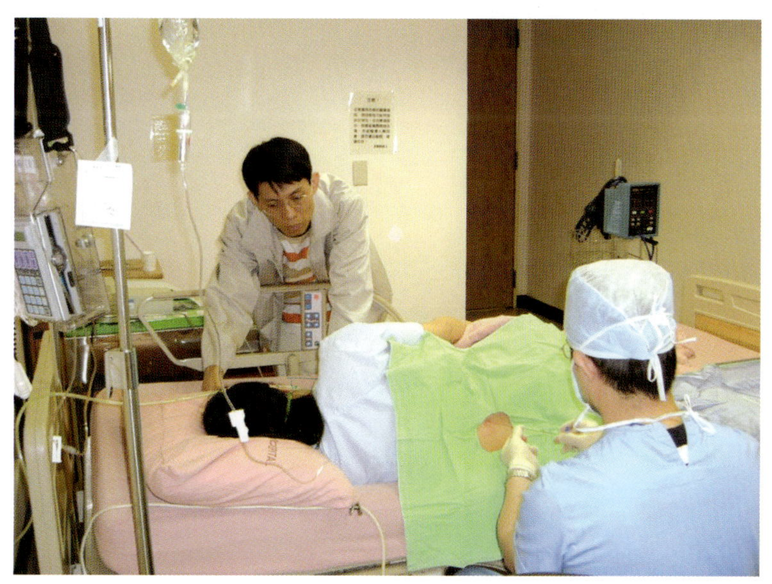

练习抱新生宝宝的方法

宝宝一出生就需要被爸爸妈妈抱，但如果不掌握好正确的抱法，爸爸妈妈在抱的时候往往会令宝宝不舒服，爸爸从现在起就要多练习抱宝宝的方法。

＊抱新生宝宝的要点

新生宝宝的特点是头大、头重、肌肉力量弱，不能较长时间支撑头的重量，3个月时头才能初步直立，因此抱起、放下新生宝宝时姿势有不少讲究，关键是要托住他的头部，动作要慢要轻。

抱起小婴儿时要记住的一个原则：以一只手托宝宝的头颈部，另一只托宝宝的腰部与臀部。抱起新生儿前应先用目光注视他，轻轻地说话抚慰他，以免宝宝惊慌哭闹。

放下小婴儿时要记住的一个原则：

一定要保证支撑好宝宝的头部，否则头部后仰会让宝宝有摔倒的感觉而受到惊吓。

＊抱新生宝宝的方法

手托法

用左手托住宝宝的背、颈、头，右手托住他的小屁股和腰。这一方法比较多用于把宝宝从床上抱起和放下。

腕抱法

将宝宝的头放在左臂弯里，肘部护着宝宝的头，左腕和左手护背和腰部，右小臂从宝宝身上伸过护着宝宝的腿部，右手托着宝宝的屁股和腰部。这一方法是比较常用的姿势。

爸爸要注意的是，不要竖着抱宝宝，新生儿的头占全身长的1/4，竖抱宝宝时，宝宝头的重量全部压在颈椎上，而此时颈肌还没有完全发育，颈部肌肉无力，这种不正确的抱法会对宝宝脊椎造成损伤，这些损伤当时不易发现，但可能影响孩子将来的生长发育。

抱起宝宝后要同宝宝说话、唱歌，轻轻抚摸他，多走动，与其有身体接触，这种感情交流，可以使宝宝的视野更

开阔，受周围环境的刺激更多，对孩子的大脑发育、精神发育及身体生长都有极大好处。

* 新生宝宝不要久抱

爸爸妈妈难免因为太爱宝宝而总是觉得抱不够，事实上，新生宝宝不能抱太久，否则会违背婴儿生长发育的自然规律，对孩子健康不利：

1 新生婴儿每天需要20小时的睡眠时间，所以，除了喂奶、换尿布等特殊情况外，婴儿最需要的不是被抱着，而是睡觉。

2 由于生理上的特点，婴儿的胃、贲门肌肉较松弛，但幽门肌肉却很紧，在这种情况下，哺乳或喂食后如果将婴儿抱在怀中逗玩，则食物容易从贲门溢出，造成呕吐。

3 婴儿的骨骼生长较快，如果长期抱在怀中，对孩子骨骼的正常成长极为不利。平常抱出去晒晒太阳，增强抵抗力是必要的，但时间也不宜过久。

* 放下新生宝宝的方法

放下小婴儿时必须用整只手臂的力量去支持婴儿的脊骨、颈部和头部，直到婴儿的重量完全落到床面上，再抽出放在婴儿头下的手，慢慢地将婴儿的头放平在床垫上。

专家指导

爸爸妈妈适当地抱着宝宝活动是很必要的，不仅可以增加与宝宝的亲密度，还能使宝宝的视野更开阔，这对大脑发育很有好处，此外，新生儿被抱也算一种运动，有利于身体的发育。

作好升格为新爸爸的准备

眼看着一个实实在在的小宝宝即将来到你的生活中，准爸爸随时可能升格为新爸爸，面对这个角色转换，准爸爸除了激动和兴奋外，还要作好充分的身心准备，迎接小宝宝的到来。

* 承担起家庭的责任

从现在起，准爸爸就要作好家庭的开支计划，而且也要为宝宝未来的每一步作一个大致的计划，让家庭和宝宝日后的生活有可靠的保障。

这些计划作起来缺乏经验是必然的，准爸爸可以去拜访一些已经做了爸爸的朋友，向他们讨教一些经验，也可以让他们告诉你一些做了爸爸之后的心得，看一看他们的生活状态。对于工作繁忙的准爸爸来说，这是最快，也是最生动的获得宝贵经验的渠道。

* 担当起做父亲的责任

孕育生命不是孕妈妈一个人的事情，孕妈妈与准爸爸是相辅相成的，准爸爸应多学习一些育婴知识，比如，怎样给宝宝穿衣服、洗澡、喂奶、把尿等，这样在宝宝出生后，你就可以和孕妈妈一起去照顾这个小生命，在这个过程中你一定会深刻地体会到一个父亲肩膀上的责任，而且这也能够帮助激发起你心底的父爱。

图书在版编目(CIP)数据

十月胎教专家指导／岳然编著. — 北京：中国人口出版社，2012.6

ISBN 978-7-5101-1271-3

Ⅰ. ①十… Ⅱ. ①岳… Ⅲ. ①胎教—基本知识 Ⅳ. ①G61

中国版本图书馆CIP数据核字(2012) 第126126号

十月胎教专家指导

岳然 编著

出版发行 中国人口出版社

印　　刷 沈阳美程在线印刷有限公司

开　　本 820毫米×1400毫米 1/24

印　　张 8

字　　数 200千

版　　次 2012年7月第1版

印　　次 2012年7月第1次印刷

书　　号 ISBN 978-7-5101-1271-3

定　　价 29.80元

社　　长 陶庆军

网　　址 www.rkcbs.net

电子信箱 rkcbs@126.com

电　　话 (010) 83534662

传　　真 (010) 83515922

地　　址 北京市西城区广安门南街80号中加大厦

邮政编码 100054